中华经典现代解读丛书

CONG DAXUE KAN XIUSHEN ZHI DAO

从《大学》
看修身之道

顾　易◎著

暨南大学出版社
JINAN UNIVERSITY PRESS

中国·广州

图书在版编目（CIP）数据

从《大学》看修身之道 / 顾易著. — 广州：暨南大学出版社，
2020.5（2020.7 重印）
（中华经典现代解读丛书）
ISBN 978-7-5668-2881-1

Ⅰ.①从…　Ⅱ.①顾…　Ⅲ.①儒家②《大学》—通俗读物
Ⅳ.①B222.1–49

中国版本图书馆CIP数据核字（2020）第 048843 号

从《大学》看修身之道
CONG DAXUE KAN XIUSHEN ZHI DAO
著　者：顾　易

出 版 人：张晋升
丛书策划：徐义雄
责任编辑：黄　球
责任校对：张学颖　林　琼
责任印制：汤慧君　周一丹

出版发行：暨南大学出版社（510630）
电　　话：总编室（8620）85221601
　　　　　营销部（8620）85225284　85228291　85228292　85226712
传　　真：（8620）85221583（办公室）　85223774（营销部）
网　　址：http://www.jnupress.com
排　　版：书窗设计
印　　刷：广东广州日报传媒股份有限公司印务分公司
开　　本：850 mm × 1168 mm　1 / 32
印　　张：5.25
字　　数：85 千
版　　次：2020 年 5 月第 1 版
印　　次：2020 年 7 月第 2 次
定　　价：32.00 元

总　序

　　中华优秀传统文化历史悠久，博大精深，魅力无穷，是中华民族的"根"、中华民族的"魂"，是中华文化自信的源头、活水，也是中华民族的精神力量、文化力量和道德力量。而中华经典是中华优秀传统文化的精华与精髓，蕴含着中华优秀传统文化的精神内核、价值取向、道德标识和文化内涵，读懂弄通经典可以启迪人们的思想，让人们增长智慧、升华境界、受益终身。《易经》《论语》《大学》《中庸》《颜氏家训》等书，我过去虽然也读过，但随着人生阅历的增长，又有新的感悟，这就是经典的魅力之所在，让人温故知新，常读常新。现在，我带着思考去读，广泛地涉猎各种版本，进行比较、审问，加以新的概括，收获就更大了。

　　然而，经典毕竟是几千年前的产物，随着时代的进步，有的内涵发生了变化，就要赋予经典新的内涵并加以丰富和发展，这就需要对其进行"现代解读"。这个"现代解读"，就是习近平总书记指出的进行"创造性转化、创新性发展"，具体来说：一是要"不忘本来"，不忘中华优秀传统文化的根源，珍惜、保护和弘扬中华优秀传统文化，维护其根脉，注入时代精神，使其焕发生机和活力；二是要"吸收外来"，以开放的心态，接纳世界优秀的文化，既不妄自菲薄，也不夜郎自大，取长补短，博采众长，借鉴人类共同的文明成果，展现其强大的生命力和独特的魅力；三是要"面向未来"，着眼于造福子孙万代和永续发展，着眼于中华民族的伟大复兴，为未来的发展夯实根基，提供不竭的精神动力和力量源泉。正是基于以上的认识，从几年前开始，我就着手进行"中华经典现代解读丛书"的写作，至今完成了八本，以后还计划再写若干本。

　　解读中华经典的书籍可以说是汗牛充栋，数不胜数，但大多为分段的解释、考证。此丛书有别于其他经典解读读物的地方在于：一是紧扣中华优秀传统文化的精神标识、道德标识和文化标识。我认为这三个标识集中体现为："天下为公"的社会理想、"天人合一"的生存智慧、"民为邦本"的为政之道、"民富国强"的奋斗目标、"公平正义"的社会法则、"和谐共生"的相处之道、"自强不息"的奋斗精神、"精忠报国"的爱国情怀、"革故鼎新"的创新意识、"中庸之道"的行为方式、"经世致用"的处世方法、"居安思危"的忧患意识、"威武不屈"的民族气节、"唯物辩证"的思维方式、"仁者爱人"的道德良心、"孝老爱亲"的家庭伦理、"敬业求精"的职业操守、"谦和好礼"的君子风度、"包容会通"的宽广胸怀、"诗书礼乐"的情感表达。这些精神和思想，跨越时空，超越国度，富有永恒魅力，仍然具有当代价值，为此，我在写作时不会面面俱到，而是集中于某一个侧面，选择一个主题进行解读。二是观照当下，结合当前的现实生活，以古鉴今，增强针对性，指导生活，学以致用，活学活用。三是力求通俗易懂，经典大多比较深奥难懂，为此，必须用现代的话语进行讲解，用讲故事的方法来阐述道理。

　　"中华经典现代解读丛书"的写作，让我重温经典，对我来说是一次再认知、再感悟、再提高的过程，我不仅增长了知识，更为重要的是修炼了心灵，虽然写作的过程很辛劳，但又乐在其中。由于本人能力、水平所限，本丛书一定存在一些缺陷和不足，期待得到读者的指正。

是为序。

作者于广州

2019年10月8日

目　录

引　言

　　有这样一个传说：相传时任杭州通判的苏轼在一次出游中，路经莫干山，到一座寺庙中小憩。庙里主事的老道见他衣着简朴，便冷淡地说了声"坐"，又对道童说了声"茶"。

　　待苏轼坐下，与之交谈后，老道觉得客人谈吐不凡，才学过人，便把他引至厢房，客气地说道："请坐。"并对道童说："敬茶。"

　　二人经过一番详谈，老道得知来客是著名的诗人苏轼，顿时肃然起敬，连忙作揖说："请上座。"随即把苏轼请进客厅，并嘱咐道童："敬香茶。"

　　苏轼休息片刻，就起身辞别，这时老道急忙请苏轼为其留下墨宝。苏轼淡然一笑，挥笔写道："坐，请坐，请上座；茶，敬茶，敬香茶"。老道看罢，立刻觉得脸上热辣辣的，羞愧不已。

　　有修养的人，居上位而不骄，居下位而不媚，不论对方高贵还是卑贱都平等以待，都会尊重对方的人格，既不以"身贵而贱人"，不以高人一等自居，傲慢待人，也不以"位卑而贱己"，不曲意奉迎他人，不卑不亢，正直做人。

如果说职位、学位代表一个人的身份的话，那么，修养就是人的第二身份，修养体现一个人的素质、境界，而提高修养的唯一途径就是修身。

中国是一个文明古国、礼仪之邦，历来讲究修身之道。修身是做人之本，是人生大事。一个人首先要立己、成己，然后才有可能去立人、成人，以至利天下。为此，我国古代先贤早就提出了修身的课题，《易经》把修身作为君子人格养成的内容和途径。《易经·系辞下传》曰："君子进德修业。"指要成为君子必须增进德行，苦修功业。《象辞下传·震卦》曰："洊雷，震；君子以恐惧修省。"意为大地在震动，犹天在发威，君子感到恐惧，应该修己身，省己过。《象辞下传·蹇卦》曰："君子以反身修德。"即君子要反求自身，修行美德。《文言传·坤卦》曰："君子敬以直内，义以方外。"即君子以严肃的态度持守内心的正直，以适宜的方式规范自己的言行。

《大学》继承了《易经》中许多有关君子修身的思想，又丰富、发展了修身的内涵，成为中国古代最全面、最系统地论述修身的经典文献，通篇以"修身为本"为主线，提出了"格物、致知、诚意、正心、修身、齐家、治国、平天下"的系统主张，以期建设昌明强盛的中国。

改革开放40多年来，我国社会经济的发展突飞猛进，城乡面貌发生了巨大的改变，但是，人们的思想道德素养、文化素养、心理素养和行为习惯与经济的发展还是不协调，与现代文明的发展要求还不适应，在公共文明行为方面存在的问题尤其突出。假如每个人都能从涵养自己的行为做起，每个人都遵规守矩、崇德明理，那么，这个社会的文明程度也就能逐步提高。修身，不仅是个人生存、发展的需要，也是社会文明进步的要求。修身既是一个古老的话题，也是一个现实的话题。修身不仅事关个人的行为形象，也是关乎社会文明、国家形象和民族复兴的大事。

下面让我们共读《大学》，领略修身之道。

第一讲 《大学》是当代人修身养性的教科书

首先，我们来了解《大学》的作者、主要内容和修身在当代的意义。

一、《大学》的作者和成书过程

《大学》起初不是一本书，而是一篇文章，它最早出自《礼记》，相传是孔子的弟子曾子所作，经南宋著名理学家朱熹为其重新编序之后，《大学》始独立成书。《大学》共十一章，其中经一章，传十章，字数不多，只有2 100多字。虽然文字不多，篇幅不长，却是字字珠玑，内容丰富，含义无穷。因此，它为历代所推崇，最终与《论语》《孟子》《中庸》并称"四书"。宋、元以后，《大学》成为学校的教科书和官定科举考试的必读书。

《大学》全文文辞简约，内涵深刻，影响深远，概括总结了先秦儒家道德修养理论，以及关于道德修养的基本原则和方法，对儒家政治哲学也有系统的论述，从做人、处事、治国等方面给人以深刻的启迪。

二、《大学》的中心思想和结构划分

要了解《大学》的主要内容，首先必须弄明白什么是大学。我们今天讲的大学，指的是高等学府。而在古代，并没有像现在这样把教育划分为小学、中学、大学，古代的大学是与小学相对而言的。古代的小学是基础教育，主要教授的内容是"洒扫应对进退之节，礼乐射御书数之文"，而大学，朱熹解释为"大学者，大人之学也"。大学教授的主要内容是"穷理、正心、修己、治人之道"。小学与大学的区别在于：小学学的是一些基础性的、较为经验性的东西；大学则是学习较为深奥的、理论性的东西。古代的大学，是大人之学，其核心的内容是教导人们成就完善的人格，成为正人君子。

（一）中心思想

《大学》着重阐述了提高个人修养、培养良好的道德品质与治国、齐家、平天下之间的重要关系。全书以"修己以安百姓"为中心思想，以"三纲领"（明明德、亲民、止于至善）和"八条目"（格物、致知、诚意、正心、修身、齐家、治国、平天下）作为修炼自身的原则和步骤。

（二）结构划分

《大学》的基本内容，旨在弘扬儒家君子修德之学和圣王的治国之道，其核心内容是"修身"，要求士大夫以身作则，对百姓起到表率作用，促进国家的安定与繁荣。

全文共十一章，可分为三部分。

第一部分是总纲和主旨，讲的是大学之道，提出了修身的"三纲领"。

《大学》对大学之道做了一个高度概括，提出"明明德""亲民""止于至善"三项宗旨和目标，这是修身的"三纲领"。《大学》是讲修身齐家、治国平天下的学问，这个学问把人的精神的弘扬和品德修养置于首位。在这"三纲领"中，"明明德"是本体，"亲民"是"末用"，"止于至善"是目标。

第二部分指出了修身的"八大内容"。《大学》提出欲明明德于天下者，要经历"格物、致知、诚意、正心、修身、齐家、治国、平天下"八个环节（即朱熹所称的大学"八条目"）。其中，修身以上，"格物、致知、诚意、正心"四者，专注于心性修养，属儒家的"内圣"之学；修身以下，"齐家、治国、平天下"，系君子之行为规范及治国之事，属儒家的"外王"之学。《大学》中讲修身要以"八条目"作为修炼的台阶和主要的内容。《大学》指出："物有本末，事有终始，知所先后，则近道矣。"《大学》对"八条目"排列了次序，既规定了实行的先后顺序，又确定了八条目之间的内在关系。它指明了只有把家庭管理得井井有条，才有资格进而治理国家；要管理好家庭，首先要以身作则，进行自我修养；要进行自我修养就要端正心性，遵守外在的行为准则；端正心性就要做到真诚，心灵纯洁，排除种种私心杂念；而要意念诚实就要学习知识，提高智慧，不至于陷人愚昧、偏执，从而避免盲目性；而掌握知识、提高认识能力，就要研究事物，以防止被他人错误之说误导。《大学》全面地展示了明明德和治国平天下的关系，有一个严密的逻辑体系和条理分明的思想体系。

《大学》把修身规定为自天子以至于庶人的一切活动的根本，指出即使天子也没有特权置身于修身之外，又提出普通百姓不能降低对自己的要求，把修身当作无关紧要的事。修身就是关注自我，认识自我，审视自我，完善、发展自我。个人以修身为本就是将培育、完善、发展自我的自觉性置于头等重要的地位，增强个体自强不息的、内在的精神生命力。

　　第三部分归纳总结格物、致知、诚意、正心和止、定、静、安、虑、得等修身的途径和方法。

　　"格物、致知、诚意、正心"是修身的行动,"齐家、治国、平天下"是修身的目标,即由一己之"行"出发,推行至"齐家、治国、平天下"。"知止"是修身的起点,"定、静、安、虑"是修身的过程,"得"为最终的结果。

　　有人根据《大学》的内容画了一张图,简明扼要,条理清晰,有助于我们学习。

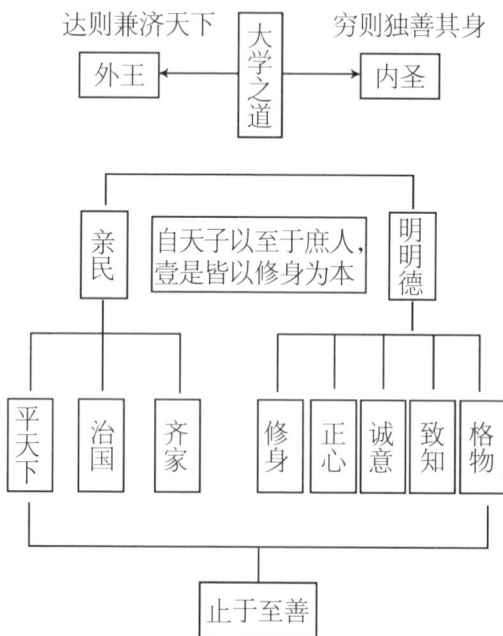

三、《大学》的价值影响和局限性

史上的学者都认为《大学》把求学与做人融为一体，贵在德才并进，更贵在素养和学养的融通合一，是关于修身求进的一本名著。宋代理学勃兴后，借助科举的力量，《大学》不但成为"初学者入德之门"，也成为应对科举考试的必读书目，几乎每一个读书人都受到《大学》的影响。《大学》强调人们自身道德修养的提高，阐述了认识的途径，追求臻美的境界，以及强烈的创新意识，对形成良好的社会风气与促进社会发展都具有积极意义。《大学》所提出的"修、齐、治、平"思想，几乎成为读书人的理想追求。这种思想主张积极入世，注重自身修养，关心人民疾苦，努力改善民生，维护社会安定，对社会的繁荣稳定发挥了重要作用。

当然，《大学》也有其历史的局限性。一是给古代文人带来思想的束缚。在中国古代，一个人如果不按照"修、齐、治、平"这条路线来走，轻则被斥为不争气、不成才，重则被视为离经叛道，大家群起而攻之，使文人轻易不敢背离。以这种思维模式教育出来的人，虽然有"达则兼济天下"的信念，但大多是为谋取仕途和光宗耀祖。二是文中有些概念、术语过于抽象和玄妙，引起后来的学者争论不休。

第二讲　修身的内涵和当代意义

　　《大学》系统地讲述了儒家安身立命的内容、守则和方法，对每一个人做人、做事和立业都有深刻的启迪。对于个人来说可以洗涤心灵，净化灵魂，提高修养，成就高尚的人格，更好地感受生命之美；对于家庭和社会来说，修身是基础、是起点，可以成就一个幸福的家庭、一个和谐的社会。

　　习近平总书记非常重视干部的修身，指出做人是做官的前提，一个领导干部的作为，首先取决于其本人的修为。早在主政浙江时，习近平总书记便在《做人与做官》中阐明了修身对于为官的重要性。他引用王安石《洪范传》的一句话："修其心治其身，而后可以为政于天下"，要求领导干部要修心为政。习近平总书记还把"三严三实"作为改进干部作风的要求，并把"严以修身"摆在首位，提出了修身的"四大内容"：加强党性修养，坚定理想信念，提高道德境界，追求高尚情操；阐述了修身立德的方法："吾日三省吾身"，强调要反身自省，自我批评；强调"心存敬畏，手握戒尺"，做到遵纪守法，不碰底线；强调"慎权、慎独、慎微、慎友"，"防微杜渐，不弃微末"；强调"祸莫大于不知足，咎莫大于欲得"，节制欲望，防止私欲膨胀等，所有这些都是为我们修身养性指明方向。

那么，什么是修身？修身的当代意义在哪里？首先，我们要从"修身"两个字说起。

一、修身的内涵

"修"字，繁体为"脩"，小篆为𢓰，由"攸"和"彡"（赋形着彩）组成，表示细心从容地上色。"攸"为持器焙熨人背治病，以此为隐喻，表示物有损坏而治理装饰，也意为修治；"彡"是须毛和画饰的花纹，为装饰之用。故"修"有修饰、修理之意。"修"字的本义为从容装饰、精心美化。

《说文·彡部》："修，饰也。从彡，攸声。"意思是说：修，纹饰。采用"彡"作形旁，"攸"作声旁。《九歌·湘君》："美要眇兮宜修，沛吾乘兮桂舟。""宜修"指恰到好处的意思。人们常常修剪、修饰、修整身边的事物，修也因此延伸出整治、改造的含义，对有缺陷的东西，我们需要进行修补、修理、修改，如"外结好孙权，内修政理""乃重修岳阳楼"。修既是对外表的装饰，也是对内心的改造提升，强调人要通过修炼、修行和修身来提高自己的修养。在人类的审美视角中，常常以细长为美，不少人追求通过锻炼、控制饮食等方式，炼成修长的身材，因此，"修"还有细长、修美之意，如"邹忌修八尺有余""此地有崇山峻岭，茂林修竹"。

"身"字，甲骨文为🝔，字形似怀孕之人侧身而立，本义为怀孕之体。金文为🝔，小篆为🝔，突出肚腹，以示躯体之意。《说文·身部》："身，躬也。象人之形。"本义指人的躯体，泛指人和动物的躯体或物体的主要部分。后引申指人的生命或一生。

修身之于古人，不仅是个人性格之修为，待人处世之智慧，亦是一种人生价值之塑造，以及人生意义之追求，贯穿于两千多年的中国古代思想史。

东汉徐幹在《中论》中对修身有专门的论述。徐幹认为，修身要自重言行，"贵其言则尊其身，尊其身则重其道，重其道所以立其教"，将修身、重道、立教紧密联系在一起，具有重要的理论与现实价值。唐代张九龄对修身之道提出四个方面的要求："正其志虑""端其形体""广其学问""养其性情"。从志、形、学、性四个方面指出了修身的内涵，丰富了有关修身的内容。

宋代朱熹是继承、改造、发展儒学的大师，他认为，修身首先要从启智入手，即所谓"格物致知"；然后"明明德"，即所谓"见人之善而寻己之善，见人之恶而寻己之恶"（朱熹《性理书》）；最后达到修身养性的目的。清代清官张伯行则强调修身的核心是修心："身之于心，犹舟之于柁也。欲正其舟，先正其柁；欲修其身，而不先正其心可乎？""心之所固有，仁、义、礼、智、信是也。"他们都从不同的角度丰富了《大学》关于修身内涵的认识。

修身如同一棵参天大树的成长，必须给其浇水、施肥、修剪树枝，使之茁壮成长。

修身，这个"身"不仅是生理意义上的身体，同时也包括人的心灵、道德、素养、气质，也即包括身、心、性、情等方面的修养、修炼、塑造和升华。

修养之于今日，其内涵则更为丰富，包含了一个人的文化素养、性格状态、道德境界、心灵修炼。它是指人们在发展和完善自己的过程中所自觉付出的努力，以及一个人在待人处世过程中表现出的风度、仪表，也指人们在思想、政治、道德、学术、技艺等方面的勤奋学习和自觉锻炼，以及经过长期努力所拥有的思想品质、能力、品性，概括起来，就是心、貌、行三者的修炼。

心是指思想情感、道德情操、性情品格；貌是指外表风采、仪容仪态；行是指行为实践、言谈举止。一句话，修身是要让人们拥有高贵的灵魂、高尚的道德、高雅的文化。

人类的一切文明都是以修身为基础的，获得人生幸福的过程就是修身的过程，怎样进行修身，即铸就怎样的人生。修身，既是灵魂的躁动，又是灵魂的安放。修身，体现了一个人的文明素质，同时也能消除人生的种种烦恼和痛苦。修身，不应以任何具体的目的为追求，一如所有为了自我完善而做出的努力，本身便有意义。修身，应为"反求诸己""内省吾身"的自主自觉的过程，其目的绝不仅仅在于懂得伦理知识和道德准则，而是重在以之规范自己的行动。修身，不应是朝向某些狭隘目标的艰难跋涉，而应为不断认识自己、发展自己、塑造自己、完善自己的过程，从中探寻生活的真谛、幸福的意义，以求得更好的生存与发展。

二、修身的当代意义

《大学·经一章》："自天子以至于庶人，壹是皆以修身为本。其本乱而末治者，否矣。"

这段话的意思是说：从天子直到平民百姓，同样都是以修养言行作为人生的根本。一个人如果把自身的品德修养这个根本败坏了，那么，要想做出令人称赞、流芳百世的事，是不可能的。

修身，对于古人来说是必备的功夫，对当代人来说同样必不可少。

第一，修身是当代人立身处世的根本。

"修"字由"亻""丨""攵""彡"这四部分组成，"攵"和"彡"指修饰、修炼；"亻"指人，意味着人是修炼的根本；"丨"是竖直、直立，指人的内心要正心归一。"修"字寓意修身要从心开始，只有通过不断地修炼内心，清除内心的杂念，才能不断提高自我修养。修行就是修心，修持一颗平静的心，心放正了，一切都会安然。

一个人无论是什么身份，也无论从事什么工作，首先要在道德上立好根基。这是做人的根本，没有这个根本，再高的学问，再大的本事，对己、对人、对社会都没有益处。道德修养是做人的根本，"本立而道生"，有了本，才可以言及其他。而一个人道德的根基败坏了，即使可以一时风光，最终都会落得可耻的下场。

要修身，需先修心。在生活中，修正我们的言行举止，能在心地上打下仁德基础。修心最难的，莫过于战胜自己的欲望与降伏内心的妄念，正如王阳明所说的："降山中贼易，降心中贼难。"这就需要我们在艰难困苦中，培养宽忍、坚强、乐观的心态。"修"可谓致广大而尽精微，从修心到修身，再到修言、修貌，都是人生的修行境界。正如《弟子规》所说的：穿衣时"衣贵洁，不贵华。上循分，下称家"，就修出了一份从容端庄，对礼仪的敬重；吃饭时"对饮食，勿拣择。食适可，勿过则"，就修来了一份对获得的感恩，对贪欲的释然；睡觉时"朝起早，夜眠迟。老易至，惜此时"，就修来了一份对生命的尊重；"凡出言，信为先。诈与妄，奚可焉"，就修来了一份口德的涵养。修首先是对人的学识、品德的培养。《史记·循吏列传》记载了这样一个故事：

　　孙叔敖任楚国宰相时，许多官吏和朋友都来道贺。但是，有一位老人却穿粗麻衣、戴白帽子以丧服吊唁他。众人都觉得老人真是触霉头，孙叔敖却赶紧整冠肃衣迎接老人，虔敬地请教他："楚王不知道我能力不足，委我相位，众人都来向我道贺，但我恐怕以后要承受百姓的责怪。您说来吊丧，一定有高见要指教吧？"

老人说："的确有些话想提醒你：身份高贵而对人骄傲，必会被人民抛弃；地位高而擅权，必遭君王讨厌；俸禄多而不知足，必招灾祸。"孙叔敖恭敬地道谢："谨遵教诲，您还可以再教我一些吗？"老人说："地位越高，态度更要谦卑；官位越大，要更加细心；俸禄越多，取舍更要谨慎。能谨守这三点，就足以治好楚国了。"孙叔敖虚心听取了老人的话，成为廉洁的名相，上任三个月，楚国大治。

孙叔敖的低姿态，是对内心的打磨修炼，去掉傲慢、狂妄，低下头，脚踏实地，虚怀若谷，才能真正提高修养。诚如有人问哲学家说："从地到天究竟有多高？"哲学家道："二尺高。""为什么这么低呢？我们人不都长得至少有四尺高吗？"哲学家答："所以，凡是超过三尺高的人身，要立足于天地间就要懂得低头。"所谓"低头是稻穗，昂首系莠稗"，越成熟的稻穗，垂得越低，只有坏稗麦头才抬得高高的。谦虚、谦逊体现了对人有礼，体现了虚心、好学、进取的品格。

孔子认为修身首先是"修己"。孔子在《论语·宪问》中说："修己以敬。""修己"的主要内容首先是"敬"，即要保持"敬"的精神状态，对人保持应有的尊敬，对事保持高度的忠诚，修炼内心正直、庄整严肃、收敛谨畏等品质。

为什么孔子要把"敬"作为修己的首要品质呢？在孔子看来，"敬"是一种高雅的气度和精神状态，人一旦拥有，则具有坚定意志支持内心的那个"道德律令"，也有足够的定力抵御任何私欲的诱惑。古人说"邪生于无禁，欲生于无度"，如果不加以"修"，就会"成瘾成癖"，其结果是"好船者溺，好骑者堕"，所以君子要"各以所好为祸"，既不要任意，更不可任性，那么就要时常进行修身。修身和不修身是不一样的，欧阳修说过："不修其身，虽君子而小人；能修其身，虽小人而君子。"

我们今天重视"修己以敬"，有它新的含义。在现代社会中，"敬"首先是敬人、敬业，然后延伸为敬畏自然、敬畏道德、敬畏法律。只有始终保持敬畏之心，遵守党纪国法、道德良序，按客观规律办事，才能做人有底线、做事有章法，走在平安、吉祥的大道上。《韩诗外传》记载了这样一个故事：

春秋时期，鲁国有个叫闵子骞的人，敬仰孔子的学问，前去拜孔子为师。刚去时，他的脸色干枯蜡黄，一副憔悴的样子。过了一段时间，脸色红润起来，人也越来越精神。

孔子觉得奇怪，便问起原因，闵子骞说："拜老师之前，看到达官贵人锦衣玉食、宝马香车，而自己却生活清苦，心里很不是滋味。现在，受了老师的教化，懂得的道理多了，那些华丽的东西再也不能动我的心了，因而心情平和，气血就好了。"

修身的功能不仅仅是强身健体，更是修除个体身上的缺点和不足，人天生具有动物的习性，善恶共存于一体，只有通过修身，才能彰显向善的一面，克服向恶的一面。又因为人们生活在一个特定的社会里，不能不受社会风气和习俗的影响，只有经常清除心灵的尘埃，才能得持纯洁的心性。修身对当代人来说，有利于人们"化秉性"，去除人性中的动物性基因；有利于人们"去习性"，去除后天染上的不良习惯和坏毛病；有利于人们"养天性"，培育至善、至德、至美的本性，使人成为意志坚定、心灵纯洁、道德超拔的"君子"。心地、心态、心境修炼好了，身心安泰平和，自然也就健康、从容和快乐，从而得以享受有意义、有价值的人生。

第二，修身是齐家的起点和基础。

《大学·经一章》："古之欲明明德于天下者，先治其国；欲治其国者，先齐其家；欲齐其家者，先修其身。"《大学》在这里指出了修身、齐家、治国三者的关系，修身是齐家的起点和基础。

家庭是人最基本的生活单位，人生有一半以上的时间都是在家庭中度过，家庭的人伦关系影响家庭成员之间的和谐、安泰。家庭是人生的第一所学校，家长是第一位老师，家长的素质在一定程度上决定了后代的素质，家庭成员的素质相互影响、相互促进。家庭是人生事业发展的"加油站"，是一个人不断学习、充实、提高自己的"基站"；家庭是社会最基本的细胞，关乎国家的兴旺、民族的发展。中国古代一直有"家国一体"的理念，认为从家庭至家族、邻里的共同体，发展成为国家的命运共同体。为此，《大学·传第九章》说："一家仁，一国兴仁；一家让，一国兴让。"所有这些表明，齐家对于个人和国家的发展都有重大的作用。而"齐家"必须以修身作为基础。

　　修身是克服人性的弱点，促进家庭和谐的良策。《大学》认为，人只有通过修养公正、平和之心，才能克服选择"偏好"，公平、公正地对待每一个家庭成员，建立和谐的家庭关系。

　　《大学·传第八章》："所谓齐其家在修其身者，人之其所亲爱而辟焉，之其所贱恶而辟焉，之其所畏敬而辟焉，之其所哀矜而辟焉，之其所敖惰而辟焉。故好而知其恶，恶而知其美者，天下鲜矣。故谚有之曰：'人莫知其子之恶，莫知其苗之硕。'此谓身不修，不可以齐其家。"

　　这段话的意思是说："所谓安顿家庭的基础在于培育德行的意思是：人们对于自己喜欢的人而行为有所偏颇；对于自己所憎恶轻视的人而行为有所偏颇；对于自己所敬畏的人而行为有所偏颇；对于自己所怜悯的人而行为有所偏颇；对于自己轻视和怠慢的人而行为有所偏颇。因此，喜欢一个人而看到他的缺点，讨厌一个人而看到他的优点，这样的人世上少有。所以，谚语有这样的说法：'由于溺爱，人们不知道自己孩子的过错；由于贪得，人们不满足自家禾苗的壮硕。'这就是自身不修养好德行，就不可以安顿好家庭的道理。"

　　《大学》在这里指出了人性的弱点，这个弱点表现为人易受自己感情的左右，由自己的偏好产生癖好，从而影响自己对是非的判断和对行为的取舍。这种偏好选择，往往会导致对自己喜欢的人全盘接纳，即使是缺点，也会当成优点，并采取宽容的态度；对自己不喜欢的人则会全盘否定，只看到缺点，不会看到优点；对自己所敬畏的人，往往会有尊敬的态度；对自己怜悯的人，往往容易生发同情之心；而对于自己瞧不起的人，往往会忽视其能力和长处。客观、全面、理性、公平地善待他人，确实是一件很难做到的事情。俗谚说，"自家的孩子好"，"人莫知其子之恶"，这就是爱犊、舐犊之情的表现。这种亲缘的情感，若偏爱、偏颇、偏执，则会闭目塞听，看不见孩子的缺点。假如姑息迁就，甚至纵容，发展下去就会害人、害家、害社会。父母假如对待子女有偏好选择，爱的天平就会倾斜，不但亲子关系受影响，兄弟姐妹关系也会有裂缝，甚至反目。

　　《大学》认为修身是教化他人的前提。《大学·传第九章》说："所谓治国必先齐其家者，其家不可教，而能教人者，无之。故君子不出家，而成教于国。"即，所谓"治理国家必先安顿好家庭"的意思是：如果家庭的教化做得不好而能教化国人，这是不可能的。因此，君子不必离开家庭的范围而能教化国人。

家庭教育是最基础的教育，人生的许多习性都是从小在家庭的教育下养成的，如果连家里的人都没有教育好，是不可能教育好别人的。清代名臣曾国藩注重"修身齐家"，一生写下330余封家书。他在1866年《致澄弟》中说："家中要得兴旺，全靠出贤子弟。若子弟不贤不才，虽多积银、积钱、积谷、积产、积书、积衣，总是枉然。"曾国藩对自己要求严格、率先垂范，其家族人才辈出、福运绵长，与他的"修身齐家"不无关系。

第三，修身是通过"修己"达到"安人"乃至"安百姓"的唯一途径。

《大学》认为修身是起点，最终的目标是治国、平天下。修身假如仅仅"独善其身"是不够的，一个人的人生价值是在奉献社会、服务他人中得到体现的。修身在"修己"的基础上，要延伸到"安人"，即安定他人、有利他人，最终达到"安百姓"以至"安天下"的目标。正如张载所说的："为天地立心，为生民立命，为往圣继绝学，为万世开太平。"这是古代知识分子的理想追求，而要达到这一目标，要从修身开始，然后不断地向外拓展，实现宏伟的抱负。

在《论语·宪问》中记载着一个著名的"修身之答"。子路问他的老师孔子："什么样的人算是君子？"孔子说："修己以敬。"子路意犹未尽，追问道："这样就够了吗？"孔子回答："修己以安人。"子路仍心有不甘，继续追问道："这样就够了吗？"孔子答"修己以安百姓"，接着又补充说，修己以安百姓，这是尧、舜大概也很难做得到的事啊！

"修己以敬"是"安人"的前提，然而，君子还要努力达到更高的境界，那就是胸怀天下，心系百姓，在"修己"中提升自己的能力和境界，达到"安人"以至"安百姓"的目标。

让百姓安定、安心并不是一件容易的事情。古时百姓很容易遭受三大不安的侵扰，即战乱、自然灾害、苛政。时代变了，古代百姓经受的三大不安已不常见，但令百姓不安的问题并非已全部解决，如"居者有其屋"，安居才能乐业，但房价过高使不少人未能实现购房梦，又如生产安全、食品安全、人身安全，以及就医难、就学难、就业难等问题，也是困扰百姓生活的难题，至于让老百姓有心灵的安顿之处，即有信仰、有理想、有信念，更不是一朝一夕能做到的。为解决这些问题，必须从每一个人的修身开始，作为"君子"，应率先垂范，身体力行，实实在在地去为百姓办实事，这样才能达到"安百姓"的目标。

那么，怎样去"安人""安百姓"呢？一是要安贫乐道，用"大我"或"无我"的境界去做人、做事，为了别人的"安"，自己吃差一些、住差一些都无所谓。二是要关心他人的需求和爱好。孔子在《论语·为政》中说："视其所以，观其所由，察其所安。"既要看他的所作所为，也要了解他所走过的道路，观察他的爱好。这里的"安人"就是深入地了解他人的内心世界，关爱他人，为他人分忧解愁，达到利他的境界。三是关怀弱者，使老年人生活安逸无忧，使朋友们得到信任，使少年人得到关怀，正如孔子在《论语·公冶长》中说："老者安之，朋友信之，少者怀之。"

孔子的"修己以安人"体现了他的友善惠人的伦理观。"修己以敬""修己以安人"是"修己以安百姓"的基础，没有前面的修身不可能达到"安百姓"的境界。难能可贵的是，孔子认为修身可以为己，也可以为身边的亲人朋友，但是如果有为政的意愿，那么必须达到

"安百姓"的境界。到了孟子时代，对修身的要求已经转化为每一位君子的社会责任了，孟子说："君子之守，修其身而天下平"，"修身以俟之，所以立命也"。在现实生活中，许多人自身的灵魂处于不安的状态，如浮躁、紧张、焦虑等，这些不良的情绪只有在"修己"之后才能克服，也只有在提高自己的思想境界、道德情操和文化修养以后才能去"安人"，带给他人以正能量和示范作用。

总之，"修己以敬"是君子对完善自我道德的自觉追求，体现的仅是"私德"，从这个意义上说，即使修身不够，其负面的影响也是有限的。而"修己以安人""修己以安百姓"却已经涉及"公德""政德"了，若修身不够，其负面影响将难以估量，特别是对于社会的精英阶层来说，修身变得不可或缺。

梁启超先生在《儒家哲学》一文中对修身的目的和意义有一个高度而精确的概括："儒家哲学范围广博，概括说起来，其用功所在，可以《论语》'修己安人'一语括之；其学问最高目的，可以《庄子》'内圣外王'一语括之。做修己的功夫，做到极处，就是内圣；做安人的功夫，做到极处，就是外王。至于条理次第，以

《大学》上说得最简明。《大学》所谓'格物致知诚意正心修身'，就是修己及内圣的功夫；所谓'齐家治国平天下'，就是安人及外王的功夫。"这段话精辟地概括了修身的当代意义。

第三讲　修身的三大纲领

《大学》开宗明义，指出了修身的三大纲领：

《大学·经一章》曰："大学之道，在明明德，在亲民，在止于至善。"

这段话的意思是什么？我们先做一个解译。大学之道，指大学的宗旨，大学的最终目的。大学是"大人之学"，也是"君子之学"。

什么是大人呢？《易经·文言传·乾》曰："夫'大人'者，与天地合其德，与日月合其明，与四时合其序，与鬼神合其吉凶者。"孔子把"大人"等同于"君子"，他说，所谓"大人"者，与天地的德行一致，与日月一样光明，与四时变化的顺序合拍，与鬼神一样能预知吉凶。"大人之学"其实就是学习"穷理正心，修己治人"的学问，也即道法君子的学问。

明明德：第一个"明"是动词，彰显、发扬之意。第二个"明"是形容词，含有高尚、光辉的意思。明明德，即弘扬光明正大的品德。人的一生，就是一个自我品德或自我修养不断完善的过程。无论是勤奋、拼搏、努力，还是诚实、守信、与人为善等，都是正大的品德。我们所要做的就是完善自己的品德，及早认识到这一点，人生才不会彷徨。

亲民：一说是"新民"，使人弃旧图新，弃恶扬善。引导、教化、革新人民之意；另一说是亲近爱护百姓。从修身的角度来看，"新民"更为准确一些。

止于至善：止于，是指处于。"至善"从形式上来说，是指完美的目标；从内涵来说，是指完全安顿一切人际关系，抵达世界大同的境界。

这段话翻译为白话文是：大学的宗旨是，要彰显先天固有的善良美德，革除不好的习性，达到完美的境界。"明明德"是目标，"亲民"是手段，"止于至善"是终点。

《大学》的开篇指出了做人的宗旨和处世的原则，是修身的纲领。

一、修身的纲领之一：明明德

明明德，是彰显本来高尚的、光明的、善良的德性。对于为什么要明明德、如何明明德、明明德的主要内容是什么，《大学》作了具体的阐述。

（一）明明德的三个理由

其一，明明德是彰显人本来的善良。任何人都禀受于天，都有至灵而不受污染的本性。"明明德"是肯定人类具有灵明的德性，每个人都有责任自觉地加以彰明。人之行善避恶，是内在向善本性的需求，应该自觉地予以肯定和发扬。

为什么要"明明德"呢？明德是我们每个人本身所具有的德性。按照六祖慧能在《六祖坛经·行由品第一》中所说的，"何期自性，本自清净；何期自性，本不生灭"，即自我的本性原本是清净的，是不生不灭的。所以这个明德之性，是我们每个人所具备的。但是我们的明德之性被后天的欲望、习气，被社会、被他人的一些不好的东西污染了、遮蔽住了，所以要使它彰明、显明。

一个人假如被私欲所蒙蔽和驱使，过分地追求一己的所谓"抱负"，而置父母、家、国乃至所有的伦常于不顾，那他就会失去家国，失去别人的信任，最后走向失败。《史记·孙子吴起列传》讲了吴起由于私欲膨胀而断送性命的故事：

吴起是魏国人，很有才华。他把祖传田产典当殆尽去买官鬻爵，结果失败了。于是他发誓，没做上丞相决不回乡。结果他的母亲去世了，他也不回去。当时他拜曾子为老师，曾子就告诉他，你母亲去世了，按儒家伦理和家庭伦理应该回去奔丧。可他坚决不回去。曾子觉得这个人不可理喻，断然终结了二人的师生关系。当鲁国面临齐国的入侵，他终于有机会被鲁国任命为将军的时候，鲁国对任用吴起却有所顾虑，因为吴起的夫人是齐国人。于是，官迷心窍的吴起为了得到这个职位，竟然把妻子杀了。最后吴起获得了这个职位，率兵大败齐国，他妻子的家乡血流成河。后来，他的丑恶灵魂被人们识破，他在鲁国被人们厌恶疏远。最后，吴起在楚国被乱箭射死。

一个人虽然有才华，有抱负，能治国，但由于无德无品，最后落得了个被乱箭穿身的下场。一个人为了官爵，不要祖产，不要父母，不要老师，不要妻子，这个人实际上已经被彻底异化了，变成了魔鬼。现实生活中，这样被异化的人并不少见。因此，《大学》提出警告，"得众则得国，失众则失国"。吴起就是失德失众的典型代表。

其二，明明德可以升华人的品性。《大学·传第六章》："富润屋，德润身，心广体胖，故君子必诚其意。"这段话的意思是说：财富可以修饰房屋，使房屋华丽；道德可以修养人心，使人品性高尚。心胸宽广开朗，体貌自然安适舒坦。所以有道德修养的人一定要使自己的意念诚实。

以道德滋润身心，必然心胸开阔，胸怀坦荡，神情舒坦，自然福禄绵长。

心地仁爱的人由于胸怀宽广舒畅，就能享受厚福且长久，于是形成事事都有宽宏气度的样子；心胸狭窄的人由于眼光短浅、思维狭隘，所得到的利禄都是短暂的。这就是量宽福厚，量小禄薄。《史记·孙子吴起列传》记载了这样一个故事：

庞涓与孙膑同在鬼谷子先生门下学兵法，是"同门学友"。

孙膑为人忠厚，鬼谷子先生便将自己创立的兵法传授给了他。庞涓为人高傲且心胸狭隘。两人同为魏惠王所用，庞涓为魏国的元帅兼军师，孙膑则为客卿。

庞涓既害怕孙膑与他争宠，又想得到兵法，于是他便开始设计陷害孙膑。庞涓伪造了孙膑里通敌国的家书，对孙膑施行了膑刑。

孙膑得知庞涓想置他于死地，便装癫佯狂，逃过了劫难，并乘机逃到了齐国。

孙膑到齐国后做了田忌的军师。后庞涓率兵攻打赵国都城邯郸，赵求救于齐。田忌用孙膑"围魏救赵"计，大败魏国。

后来孙膑又用"围点打援"计，直逼魏都大梁。庞涓火速回兵，孙膑又用"减灶之法"迷惑敌人，使庞涓误以为齐兵大多逃亡不堪一击，于是全力追赶。追至马陵道时中了孙膑的埋伏，全军覆灭。不仁不义的庞涓最终落得了万箭穿心的下场。

庞涓本和孙膑有同窗之谊，但庞涓利用孙膑的善良和正直设计陷害他。最终，孙膑还是逃脱了庞涓的魔掌，在战场上惩处了庞涓。不仁不义的庞涓，应了"多行不义必自毙"的古训。

其三，明明德是生财、聚财、保财之法宝。《大学》认为德为本，财为末，要摆正德与财的位置。《大学·传第十章》："是故君子先慎乎德。有德此有人，有人此有土，有土此有财，有财此有用。德者本也，财者末也。外本内末，争民施夺。是故财聚则民散，财散则民聚。是故言悖而出者亦悖而入，货悖而入者亦悖而出。《康诰》曰：'惟命不于常。'道善则得之，不善则失之矣。"

"是故君子先慎乎德"，君子以修养德行为优先，规范自己的德行。"有德此有人"，只有有了德行，才会有人民归附。"有人此有土"，有了国民才有国土。"有土此有财"，只有有了广阔的国土，人民才可能拥有充盈的财货。"有财此有用"，有了财物才可能拿来振兴国家，做出一番大事业。这里把德、人、土、财四个方面的"体用关系"说得非常清楚。"德者本也，财者末也。"品德是根本，而财是末，是微枝末节。有些人利欲熏心，觉得人生不易，生命匆匆，因此大肆聚敛财物，搜刮民脂民膏，认为那是最重要的，这就是以末为本，其害大焉。"外本内末，争民施夺"，远离了根本，而进入内末，就是本末倒置。"争民施夺"，就是盘剥民众，去掠夺他们的财富。

"是故财聚则民散"，你获得的财物越多，离开你的老百姓就越多。"财散则民聚"，你广施财富，让老百姓安居乐业，人民反而聚集在你的身边，因为你能够通过散财来团结他们。"财聚则民散，财散则民聚"充满了辩证法思想。

"是故言悖而出者亦悖而入"，指言语悖逆情理地说出，也就有悖逆情理的话来回报。用一句通俗的话说，你给一堵墙一拳，你打得有多重，返回到你手上的反作用力也就有多重，你的手也就会有多疼。你的话违背情理地说出来，同样就会有人用违背情理的话对待你。"货悖而入者亦悖而出"，指财富的获得背离了人伦常理，终究会被别人用背离人伦常理的手段夺走。古代盛行的劫富济贫说明了人们对不正当的财富聚敛的厌恶之情。因而，为富不仁是受到儒家批判的。这里的意思是说，悖逆情理的事情都要付出代价，这个代价就是行事的不正当之"悖"造成的。

非法聚敛财货，其代价可能就是丧失生命。明朝朱元璋称帝以后颁布政策，对盐、茶和马匹等资源实行国家专卖，而当朝安庆公主的驸马欧阳伦却无视国法走私茶叶，中饱私囊，到后来竟利欲熏心，每每以驸马令要求各级官员横征暴敛。好景不长，东窗事发，朱元璋震怒之余，将他赐死。一个贪得无厌、一心想吞天下之财为己有的人最后得到了身首异处的下场。皇帝的乘龙快婿虽然身处高位，但因贪得无厌也免不了身首异处的结果。当一个人怀有大私心，贪婪地对世界无度盘剥时，其命就危矣！

《大学》引用《尚书·康诰》说："惟命不于常"，即唯独天命不会保持永久。只有善良才能长久地得到它。"道善则得之，不善则失之矣。"不行善道，就会失去它。只有行道善良才可以长久得到天命的眷顾。一旦不再行善，天命就不再眷顾你。道和善的关系很明白，道居于善，只要为善，道自然与你同在。欧阳伦的悲惨下场，跟他敛财有关系，其实清代弄臣和珅同样如此，聚敛巨额财宝，最后也是身败名裂，半国之财富，悉数充公。历史的教训值得人们吸取，在这个意义上可以说，道德修养的程度高低，是君子能否治国平天下的关键所在。

《大学·传第十章》说："仁者以财发身，不仁者以身发财。"意思是说，具有仁德的人通过使用财富来完善自身的品性，从而得到美誉令名；没有仁德的人利用自身的权力、地位，聚敛财富以为己用。

《大学·传第十章》还说："德者本也，财者末也。""生财有大道：生之者众，食之者寡，为之者疾，用之者舒，则财恒足矣。"曾子认为美德是树的根本，财富是树的枝梢。积累钱财有一个根本的原则，生产的人多而消费的人少，创造财物的人生产迅速，而使用财物的人消费迟缓，这样，国家的财富就常常充裕。

这里反映了两种不同的生财之道，仁德的人不以发财为终极目标，而是以财富作为提升自我、奉献社会的手段；不仁德的人则相反，把财富作为终极的追求目标，不惜承受劳碌和身心的疲惫，人的自身成为发财的工具。

明明德，关键是要摆正德与财的关系，防止目的与手段的倒置。在大千世界中，许多人把财富作为追求的目的，把德放在一边，这样，财必然会遮蔽人性，扭曲人性。正确的态度应该是德为目标，财为手段。要做到这一点，关键是要去除私欲，私欲不外是名与利。许多人往往被利益牵着鼻子走，有的甚至成为金钱的奴隶。为此，要明明德，必须对财富有一个正确的态度，要做财富的主人，用合乎道义的手段去获得财富，这样才能带来吉祥；相反，以身发财，会带来祸端，其实是一种愚蠢的行为。

有些人认为财富必然会给人带来祸端，其实不然。财富本身并无过错，关键在于用什么样的方式去获得财富，以及拥有财富的人用什么样的心态去对待它，用什么样的方式去利用它。《大学》告诉我们，具有仁德的人用财富来完善自身的品性，反过来说，知道用财富完善我们自身的品性，那么，大家就都可以成为具有仁德的人了。《史记·越王勾践世家》讲述了这样一个故事：

范蠡辅佐越王勾践二十多年，终于打败了吴国，报了会稽之仇。他因为功绩卓著，被封为"上将军"。范蠡受封之后，想到越王勾践的为人，可以共患难，不可以同安乐，自己盛名之下是难以久安的，不如辞官回乡，于是他便辞官而去了。

范蠡辞官之后，首先来到了齐国，隐姓埋名，开始自己的创业历程。齐国是东方的大国，农业和工商业都很发达。范蠡在海边以耕种为生，辛勤劳作，功夫不负有心人，没有多久，他就积聚了数十万财产。凭借能力和才干，他在齐国很快成了名人。齐人听说范蠡很勤劳、贤能，便请他出来做卿相，范蠡感叹道："在家能够艰苦奋斗聚集千金，做官则能位至卿相，这是一个布衣平民最得意的事情了，但是长久享受尊名却是不祥的事情。"于是他拒绝相位，把家产分给了朋友及邻里，自己只带了些金银珠宝便秘密地离去了。

他来到定陶（今山东淄博），认为这里是四通八达的商业枢纽，居于天下之中，在这里谋生治产是完全可以致富的，于是就住了下来，自称朱公，人们都称他为陶朱公。在定陶他不但从事种养业，还不失时机地从事商业活动，积累资金，大胆地买进卖出，只谋取十分之一的利润，买卖做得十分红火。没过多久，他又积累了数百万的财富，天下人都知道定陶有个陶朱公富甲天下。

范蠡又把财产分出许多以接济贫困的朋友和同乡，真所谓"富而好行其德者也"。他自己则闭门不出，最后在定陶寿终正寝。

范蠡致富的诸多成功经验，如"旱则资舟，水则资车"（洪水期准备天旱的商品，天旱时筹划做船的生意）被司马迁写进《史记》。但是值得称道的是他"以仁发财，又以财行仁"，财变成他广布仁德的手段，造福他人，流芳千年。

富有不是罪过，但富而不仁有时却会招致灾祸。人们如果能够除去矜夸之态，去其鄙吝之心，消除心中之贪，禁绝淫欲之心，则能保享五福。世人常有"仇富"

的心态，为富本来就容易招人嫉妒。为富不仁，恃财凌人，是给人伤害自己的理由。"仁者以财发身"，这是《大学》教给我们的为人处世的秘诀。

俗话说，大富靠德、中富靠智、小富靠勤。要做富者，先做德者。

美国某城30英里外的山坡上，有块不毛之地。地皮主人见地皮闲置在那里没用，就以极低的价格出售。有一个人将其买下后，找到当地政府部门说："我有一块地皮，愿无偿捐给政府，可我是一个教育救国论者，因此这块地皮只能建一所大学。"

当时，政府资金匮乏，如获至宝，当即同意了。于是，新主人把地皮的2/3捐给了政府。一年后，一所颇具规模的大学，矗立在这块不毛之地上。新主人笑了，他在剩下的1/3的地皮上修建了学生公寓、餐厅、书店、商场、酒吧、影院等，形成了大学门前的商业一条街。没过两年，地皮的损失就从商业街的盈利中赚了回来。之后，就是源源不断的财富收入。

尽管是一块不毛之地，但将其免费捐赠，这绝对是旧主人不可想象的。但正是这种不可想象，让雄心大、私心小的新主人将这片土地化腐朽为神奇。

从这个意义上看，德是财富的源泉。聪明的人应该懂得"要想成功，让利于人"的道理。

唐代张说写的《钱本草》，可以说是一篇醒世名文，全文如下：

钱，味甘，大热，有毒。偏能驻颜，采泽流润，善疗饥，解困厄之患，立验。能利邦国，污贤达，畏清廉。贪者服之，以均平为良；如不均平，则冷热相激，令人霍乱。其药采无时，采之非礼则伤神。此既流行，能召神灵，通鬼气。如积而不散，则有水火盗贼之灾生；如散而不积，则有饥寒困厄之患至。一积一散谓之道，不以为珍谓之德，取与合宜谓之义，无求非分谓之礼，博施济众谓之仁，出不失期谓之信，入不妨己谓之智。以此七术精炼，方可久而服之，令人长寿。若服之非理，则弱志伤神，切须忌之。

《钱本草》告诉我们要做金钱的主人，不要做金钱的奴隶。生财、发财、保财要遵循仁、义、礼、智、信的大德。有的商人拼命积聚个人的财富，完全不考虑国家的利益和百姓的感受，受到大众的非议，却以其商人身份自我开脱，并认为旁人不能以道德标准去要求他。诚然，他发财不违法，但不懂得积散之道，不博施济众，即使在商业上成功了，也不值得敬佩，在人们的心中也不会留下高尚的形象。

（二）明明德的四大内容

《大学·传第三章》："为人君，止于仁；为人臣，止于敬；为人子，止于孝；为人父，止于慈；与国人交，止于信。"

意思是说，做人君的要做到仁爱，做人臣的要恭敬，做人子的要孝顺，做人父的要慈爱，与国人来往要做到诚信。这里讲了明明德的"四大内容"。

习近平总书记在多个场合提到："德莫高于爱民，行莫贱于害民。"领导干部要"立政德""明大德""守公德""严私德"。德是我们修身的第一内容，要自觉遵循并习以成性。

第一是仁善。《大学》多次讲到仁爱。一是强调君子要率先行仁。"一家仁，一国兴仁。""尧舜帅天下以仁，而民从之；桀纣帅天下以暴，而民从之。"尧、舜以行仁来领导天下人，百姓就追随他们行仁；夏桀、商纣以暴戾作风来领导天下人，百姓就追随他们变得暴戾。这就是上行下效。尧舜为儒家所推崇的圣王，而夏桀、商纣则是亡国之君。这些天子统帅百姓，或以仁，或以暴，而"民从之"。可见，百姓是学习上位者的。

二是强调仁善为宝。《大学·传第十章》说："《楚书》曰：'楚国无以为宝，惟善以为宝。'舅犯曰：'亡人无以为宝，仁亲以为宝。'"意思是，《楚书》说："楚国没有什么珍宝，只有行善才是珍宝。"舅犯说："流亡的人没有什么珍宝，行仁与爱人才是珍宝。"舅犯是晋文公的母舅狐偃，字子犯，曾随公子重耳流亡在外。重耳后来回国继献公之位为文公，成就霸业。在价值评估标准上，儒家强调的是道德价值、文化价值、生命价值，所以认为仁善为宝。

三是强调唯仁人能爱人、能恶人。由于仁者无私心，因而表现超然，能够分辨善恶，所以能够清楚该亲近什么样的人，该远离什么样的人。

那么，我们怎样才能做到"仁"呢？

"仁善"集中体现在仁爱、善良上。从"仁"字的组合看，"仁"字由"二""人"组成，是把对方和自己看成一体，不分彼此，强调对自己以外的人亲善，以人道待人之意。"仁"是两个人在一起生活，亲密友好，互相把对方当作人来看待。"仁"是自觉的、内在的情感行为，是评价一个人的道德素养的"试金石"。《论语》中，仁字有三义：人之性，人之道，人之成。

"善"是为人之本。人之性是"向善"，人之道是"择善"，人之成是"至善"。向善须在真诚中，才能自觉。择善要靠智慧和勇气，至善则须"死而后已"。仁善要求我们有仁善之心、同情心，在今天表现为热心公益事业，参与志愿服务，乐于助人，关爱他人。

"仁善"延伸扩展为博爱、慈悲。仁，把人作为人来对待，从亲人、友人延伸到天下之人。《论语·颜渊》："四海之内，皆兄弟也。"孔子告诫我们，不仅要对自己的亲友仁爱，也要对社会的每一个成员仁爱。习近平总书记提出建立人类命运共同体，致力于增进全人类的福祉，致力于人类的友爱和平，其思想基础便是仁爱的思想。仁不但要求爱人，同时也包含着爱物、爱自然的思想。《春秋繁露》："质于爱民以下，至于鸟兽昆虫莫不爱，不爱，奚足谓仁？"意思是说，要做到仁爱，光爱人是不够的，还要爱鸟兽昆虫等，要爱大自然。"仁"其实也是生态文明的思想根基。我们只有热爱、珍惜人类赖以生存的环境，才能形成人与自然和谐相处的局面。"仁"不仅告诉我们生存哲学，而且指出我们应走生态文明发展之路。

第二是礼敬。《大学·传第三章》："为人臣，止于敬。"这个"敬"是指礼敬、恭敬，不但对君王，而且对他人也应如此。

孔子把"礼敬"作为重要的政治伦理规范。他非常重视礼的教育，以《诗》《书》《礼》《易》为教材，以文、行、忠、信为课目，开设了礼节、音乐、射箭、驾车、书法和数学"六艺"。他在《论语·季氏》中说："不知礼，无以立。"礼是一个人立身处世最基本的要求。有一次，弟子颜渊请教孔子，践行仁的具体做法是什么。孔子回答他，不合于礼的不看，不合于礼的不听，不合于礼的不说，不合于礼的不做。孔子把"礼"作为德与仁的体现，他认为一个内心不仁的人，是没办法做到礼的。荀子说："人无礼则不生，事无礼则不成，国无礼则不宁。"儒家把礼义廉耻作为国之四维。《管子·牧民》："何谓四维？一曰礼，二曰义，三曰廉，四曰耻。礼不逾节，义不自进，廉不蔽恶，耻不从枉。"礼可明贵贱尊卑，义能立行事之重，廉会判正邪善恶，耻则知羞耻之格，"均为治国之本"。礼对于社会、国家来说就是"序"，是维护社会秩序的工具，调节社会秩序的手段。礼对个人来说，是立身处世之本，也是做人交友的学问。中华民族是"礼仪之邦"，朱熹的《朱子家礼》催生了保留至今的韩国礼仪。然而，传统礼仪在中国本土因种种原因而逐渐流失，不知礼、不守礼的现象还是随处可见。一个人的仪容、仪表、言谈、举止，是一个人的修养、教养、涵养的体现。"礼"的教育和实践仍然是一个重要的课题。

敬，是儒家学说的一个基本范畴，孔子主张人应该勤奋刻苦，为事业尽心尽力。他在《论语》中说："君子有九思：视思明，听思聪，色思温，貌思恭，言思忠，事思敬，疑思问，忿思难，见得思义。"敬的内容，包括敬天地、敬神祇、敬祖宗、敬父母、敬师长等，礼敬是一种自我修养的方法，一种人生态度，也是处理人际关系的准则。

那么怎样做到"礼敬"呢？

"礼敬"首先要有恭敬之心。简体字的"礼"，从示，从乚，其古文体"𥘆"形似一个跪着或弯曲的人形。"礼"最早是礼神，是以虔诚之心、恭敬之心去供奉。古代祭祀的对象主要有天神、地祇、人鬼三类，祭品主要是牲畜和醴酒，其要素包括礼法、礼器、礼仪等。

宋代理学家杨时拜大儒程颐为师，有一次去拜见程颐时，见老师在厅堂上睡觉，他不忍惊动，便静静地站在门廊下等候。时值隆冬，瑞雪霏霏，杨时冻得发抖，但依旧恭敬地立在门外。良久程颐醒来，发现杨时脚下的积雪已经一尺多厚了。这就是"程门立雪"的故事，杨时执弟子之礼甚恭，源于对老师的崇敬。他潜心研究和传播程氏理学，被当时学界推为"程学正宗"，也为后世树立了尊师重道的典范。

礼，只有出自恭敬之心，表现出来才是真诚的。假如不是发自内心，必然是虚伪的、造作的。因此，孔子认为礼要心意为重、远离奢靡。在《论语·八佾》中有这样一段："林放问礼之本。子曰：'大哉问！礼，与其奢也，宁俭；丧，与其易也，宁戚。'"这里，孔子说："你问的问题意义重大，就礼仪的一般情况而言，与其奢侈，不如节俭；就丧事而言，与其仪式上治办周备，不如内心真正的哀伤。"《论语·八佾》："祭如在，祭神如神在。子曰：'吾不与祭，如不祭。'"祭祀祖先就像祖先真在面前，祭神就像神真在面前。孔子认为，

参加祭祀，心意才是最重要的。在孔子看来，奢靡浪费
是一种越礼行为："奢则不孙，俭则固，与其不孙也，
宁固。"就是说，奢侈了就会越礼，节俭了就会寒酸。
与其越礼，宁可寒酸。孔子的这一观点在今天非常有现
实意义。在时下的乡村，葬礼往往办得很隆重，即使贫
穷的家庭，也"打肿脸充胖子"，为了体面，负债办葬
礼，结果负债累累，其实是违背了"礼"的要求。孔子
在礼仪上崇尚节俭的思想，于今天婚丧嫁娶的奢靡之风
不失为一剂"清醒剂"。礼的前提是敬，没有敬，礼不
过是一种空洞的形式。

　　"礼敬"要讲究仪式。"礼"是一种祭祀活动，
凡祭祀活动都有一定的仪式，仪是礼的一种表现。《礼
记·冠义》说："礼义之始，在于正容体、齐颜色、顺
辞令。"明礼一定要遵循既定的礼仪，既可以显示其庄
重、庄严感，也富有纪念意义。有些学校在学生开学
的第一天举办"开笔礼"，内容包括拜师礼、点朱砂、
写人字、击鼓明志、许愿等程序，这是很有纪念意义
的。近几年，我们为学生举办"成人节"，也是一个以
"礼"为载体的活动。其实，我们在公务员的晋升、任
职等方面，也应该举办就职典礼。我国的传统节日，过

去都有一套过节的仪式，近些年这些传统慢慢地消失了，以过年为例，大家都感到"年味"越来越淡了。为此，我们对传统节日进行了节日设计，增加一些程式，丰富其思想和文化内涵，增强仪式感。

第三是孝悌。《大学·传第三章》："为人子，止于孝；为人父，止于慈。"《大学·传第九章》："孝者，所以事君也；弟者，所以事长也；慈者，所以使众也。"意思是说：为人儿女的，以孝顺为人生目的；为人父母的，以慈爱为人生目的。孝顺父母，是服从君王的基础；敬爱兄长，是服从长辈的基础；关爱子女，是统治人民的基础。在这里，《大学》要求在处理好父母与子女的人伦关系时，要做到父慈子孝，同时，由家的孝扩大到对君王、对国家的忠，这就是儒家倡导的忠孝观。自古"忠孝难两全"，而在特殊的条件下，忠为大孝。

孝是儒家基本伦理规范之一，被认为是人伦之本、道德之源，是人性的光辉，也是中华民族的传统美德。在孔子的心目中，孝是子的义务，教是老的责任，是天经地义的事。"夫孝，德之本也，教之所由生也。"（《孝经》）《论语》："有子曰：……君子务本，本立而道生。孝弟也者，其为仁之本与。"孔子认为，孝敬父母，尊重兄长，是仁的根本。一个人只有从孝悌开始，然后才能实现"在家做孝子，在外主忠信，在朝做忠臣"的价值延伸。"百善孝为先"，孝为德之本。《孝经》："夫孝，天之经也，地之义也，民之行也。"

在中华传统文化中，"悌"总是紧跟在"孝"后边，"孝悌"是连在一起的。《论语》："弟子入则孝，出则悌，谨而信，泛爱众，而亲仁。"意思是说：弟子们在家孝顺父母，出外顺从兄长，言语谨慎，为人诚信，博爱众人，这样就接近了仁。孝，是对父母的敬爱；悌，是对兄弟之情谊。由兄弟之情，进而推之，所谓"四海之内皆兄弟也"，就是博爱众人。由孝到悌，再到博爱众人，这就是仁的路径。儒家重视人情、亲情，兄弟血脉相连，有缘相聚，因此要兄友弟恭，重视手足之情。"孝"是处理父母与子女关系要遵循的基本准则，"悌"字揭示了处理兄弟姐妹关系的基本准则。

"孝悌"是一种天道人性。"孝"字是子承父老。子和父是联系在一起的。俗语说：父养儿子，儿子又养子。父母年轻之时养子女，父母年老之时儿女养。这是天道与人道的循环，也可以说是一种感恩之心的回报，是对父母爱的回报。古人云："羊有跪乳之恩，鸦有反哺之义。"

《公羊传·庄公二十四年》注曰："羔取其执之不鸣，杀之不号，乳必跪而受之，类死义知礼者也。"意谓羊被宰杀时不鸣不号，似乎很有献身精神；羊羔吃奶的时候，跪在母羊身边，似乎是个有孝心的后辈，颇懂得感恩。杜甫有诗大赞羊羔"有礼太古前"，因为它就像极了一个死义知礼的君子。其实，羊羔跪乳是由羊体内的遗传物质控制的先天性行为，但是它被用来与人类作类比，成为一种象征。

据记载，"反哺"是乌鸦的习性。乌鸦辛勤地将雏鸟养大，当乌鸦年老，不能捕食时，老乌鸦的子女会外出衔食，给父母喂食，直至老乌鸦自然死亡。南朝梁诗人刘孝威有一首古诗，专讲乌鸦反哺的故事："城上乌，一年生九雏。枝轻巢本狭，风多叶早枯。靴毛不自暖，张翼强相呼。"

《本草纲目》中这样描述乌鸦："此鸟初生，母哺六十日，长则反哺六十日，可谓慈孝矣。"古人把乌鸦反哺的行为比作子女孝敬父母，称乌鸦为"孝鸟"。

动物尚且如此，何况人呢？

"孝悌"为仁爱之源，达道之本。孔子在《论语·学而》中说："其为人也孝弟，而好犯上者，鲜矣；不好犯上，而好作乱者，未之有也。"孔子认为至亲者、位尊者、有德者，自然居先。父母亲而又尊，更要先之又先，必须孝敬。兄长同胞，又先我生，必尽悌道。此是天经地义的，丝毫不许懈怠。然后推及一切皆加礼敬，凡侵犯侮慢等事，概不能做。敬父母兄长名曰"孝弟"，礼敬一切名曰行"仁"。这是修身至平天下一贯的路线，从始至终，有先有后。人知礼敬，才行孝悌，人皆有父母，彼此一礼，自然礼敬一切，普遍行仁。既行孝悌，是知礼敬之理，那侵犯长上的事，是无礼不敬动作，孝悌的人深以为耻，就少有这样的事了。凡不守家庭规矩，破坏社会秩序，违反国家法律，都非礼敬行仁，是名作乱。因这些事都有级层主管，深耻侵犯长上的人，再去为非作乱，是不可能的，这是治安的根本办法。

《论语》又说："君子务本，本立而道生。孝弟也者，其为仁之本与。"这里提出"务本"，就是处世要追求根本，只要立住根本，大道自会发生，而孝悌是行仁达道之本。

　　首先，孝要求子女对父母进行悉心照料。"孝"字老为上，子为下，体现子孙为老人所生、所养、所教；子孙要以老人为上、为先、为本。尊敬老人，赡养老人，解老人之忧，承老人之志。日常生活要悉心照料，精神生活要关怀体贴。《礼记·祭义》中曾子说："孝有三，大孝尊亲，其次弗辱，其下能养。"《孝经》对孝提出了具体的要求："居则致其敬，养则致其乐，病则致其忧，丧则致其哀，祭则致其严。"历史上，有"二十四孝"的典故，如仲由负米、老莱斑衣、郯子鹿乳、黄香温席等，其中"李密拒官养老"的故事，更令人感动。

　　西晋时，晋武帝诏李密赴任，李密以祖母年迈请求辞官终养祖母，写下了流传千古的《陈情表》："臣无祖母，无以至今日；祖母无臣，无以终余年。母孙二人，更相为命……"文章叙述了祖母抚育自己的大恩，以及自己应该报养祖母的大义，情真意切，感人至深。李密为尽孝，赡养祖母，辞官回故里，在古代作出这般选择的人是少有的。

　　在当代，我们也看到无数这样的孝子，有的照顾生病的父母十几年如一日，不辞辛劳，有的不但关心父母的衣食住行，还经常嘘寒问暖，体贴入微，给父母带来精神的愉悦。今天，随着物质生活水平的提高，许多父母已不缺吃穿，缺的是心理的慰藉，特别是"空巢"老人的孤独、无聊，常常是困扰父辈的问题。工作繁忙之余，陪父母吃一餐饭，聊一会儿天，听老人倾诉，就是践行孝道。"二十四孝"中，"老莱七十，戏彩娱亲，作婴儿状，烂漫天真"。善解亲意的老莱子体恤父母的心情，装出活泼可爱的样子来逗双亲高兴，可谓用心良苦。

其次，孝要发自内心地敬爱。孔子在《论语·为政》中有许多地方讲孝。"子游问孝。子曰：今之孝者，是谓能养。至于犬马，皆能有养。不敬，何以别乎？"孔子在这里讲孝的核心是要有尊敬心。孔子的弟子子夏也问什么是孝。子曰："色难，有事，弟子服其劳；有酒食，先生馔，曾是以为孝乎？"孔子认为子女保持和悦的脸色是最难的。孝顺出于子女爱父母之心，这种爱心表现为和悦的神情与脸色。做到这一点比为父母做事与请父母吃饭要困难得多。当下许多人，能让父母温饱，但面对父母的唠叨以及生活的拖累，有时会表现出不耐烦、不高兴，没有好脸色。老人到了晚年，难免有病痛，这时子女的宽容、和悦、耐心尤其重要。

再次，孝要移孝为忠，是立志报国。"孝"的字形，"老"在上，"子"在下。这个老人，可以是自己的父母，推而广之，是全天下的老人；这个子女，可以是自己的子女，推而广之，是全天下的青年人。由己及人，由小及大，由家及国，由孝父母，而孝天下，得以报效国家。

孔子的思想是按照孝—仁—义—礼的理论体系去构建的。即从孝开始，推己及人，产生仁爱，而仁爱必须合适，这就是义，义的合理性又通过礼的外在形式表达出来。有了孝、仁、义、礼，则社会和谐，天下太平。

在传统观念中，"忠君"和"爱国"基本上就是一回事。为君王服务需要的忠心是源自于孝心的。我们知道，花木兰代父从军，这是一种孝的表现；同时，征战疆场，屡建功勋，又是爱国的表现。人们常常把祖国比作自己的母亲，也常常为自己是祖国的儿女而感到骄傲和自豪。

《孝经》把孝和忠联系在一起，孝是小忠，忠则是大孝。尽忠尽孝是历代仁人志士的追求，有时在忠孝不能两全的情况下，也只能舍孝取忠，因为孝是对小家而言，忠则是对国家、民族的孝。忠孝往往是连在一起说的，大孝为忠。

对于"悌"的要求，儒家要求兄友弟恭，兄弟之间彼此诚心相处，互敬互爱，亲密和睦。年轻的应该对年长的有敬爱之心，而年长的要对年轻的有关怀之情。处理好兄弟姐妹的关系，一是要忍让，同处一个屋檐之下，在生活中难免有些矛盾，忍让是化解矛盾的良策，特别是在利益上，如果斤斤计较，必然结怨生恨，亲人反目；二是要宽容，由于兄弟姐妹是亲人，故互不设防，言谈举止往往不加以注意，会有言行不得体的现象，这就要宽容过失，善于淡忘，不能耿耿于怀；三是要谅解，相互之间有误解、矛盾，及时沟通、化解，防止积怨加深，误解变成成见。

第四是诚信。《大学·传第十章》："君子有大道，必忠信以得之，骄泰以失之。"意思是说，作为君子应遵循的根本原则，一定是由忠诚信实而成就，由骄傲放纵而失去。

儒家把"诚信"作为处理人伦的重要范畴，其含义大致有三：一指天之道。孟子在《孟子·离娄上》说："诚者，天之道也；思诚者，人之道也。"诚是天之道，追求诚是人之道，诚为沟通天人的桥梁和天人合一的基础。二指人之德。宋代大儒朱熹在《仁说》中说："诚能体而存之，则众善之源，百行之本。"意思是说："实行并保存真诚之心，这是仁善的美德的源头，美好的行动之本。"三指人之性。清代学者黄宗羲在《明儒学案》中说："忠诚是人生的本色。"忠诚是人生的本来面目，诚实之人，可"赞天地之化育，与天地参"，进入天人合一的境界。

诚信是中国传统道德的重要原则，也是为人最基本的准则。它要求人们真实无妄，诚善于心，言行一致，人们往往把"信"与"忠""诚"连称为忠信、诚信。在中国思想史上，各学派都对"信"予以不同程度的重视，其中儒家对"信"最为推崇。尤其是汉代，"信"被儒家列入"五常"之后，其地位进一步突显，成为最基本的道德规范。在儒家看来，信是"进德修业之本""立人之道"和"立政之本"。在《周易》乾卦的《文言》中，就有"忠信，所以进德也"的论断，把讲求忠信视为增进美德的根本方法。孔子不仅提出了"人而无信，不知其可"（《论语·为政》），把信作为立人之本，而且把信视为立国之本，认为"民无信不立"（《论语·颜渊》）。如果人民不信任，国家朝政就站不住脚，因而即使去兵、去食，也要存信，宁死必信。孔子在《论语》中说："子以四教：文、行、忠、信。"孔子以四种美德教育学生，这就是：斯文明礼，品行端正，忠于职守，诚实守信。孔子把诚信作为处理人际关系的基本准则，他说，"与朋友交，言而有信"（《论语·学而》），"信则人任焉"（《论语·阳货》）。在人与人的相互交往中，必须言行一致，重承诺，守信用，这是取得他人尊重、理解，建立相互信任的基础。如果不以诚挚之心待人，言行不一，翻云覆雨，相互欺骗、相互猜疑，则会产生信任危机，造成沟通的隔膜，导致人际关系的恶化。

北宋的王安石写了一首诗，赞扬商鞅以诚信取信于民，诗云："自古驱民在信诚，一言为重百金轻。今人未可非商鞅，商鞅能令政必行。"魏晋时期思想家杨泉在《物理论》中曾指出："以信接人，天下信之；不以信接人，妻子疑之。"可以说，"信"是人与人之间相互交往的精神纽带，它能把人紧密、牢固地联系在一起；缺少"信"这一纽带，人与人之间，哪怕最亲近的人之间，也无法建立真诚、和谐的关系。《逸周书·官人解》云："父子之间观其孝慈，兄弟之间观其和友，君臣之间观其忠惠，乡党之间观其信诚。"

诚信，在中华民族数千年的灿烂文化与悠久历史中扮演着不可替代的重要角色，已成为维系社会良性发展的重要准则，其于己、于家、于国发展都有重要意义。古人云："千人之诺诺，不如一士之谔谔。"一万句承诺抵不上一个实在的行动。如果作出了承诺，就要想方设法付诸实践，而不能仅仅停留在一纸空文。"鸟惜羽毛，人爱名声。"轻言许诺，然后随意践踏自己信誉的人，在上级的眼中难堪大任，在下级的眼中无才无能，其个人的价值，可能就因为诚信缺失而被全盘否定。

当今社会，从熟人社会转变成契约社会，信用成为维系经济关系和社会关系的重要道德纽带，也是建立市场经济秩序的基石。信仰、诚信、信任成为稀缺的精神道德资源。言而有信、重信守诺、言出必行是做人的基本品德。

那么，怎样做才算诚信呢？

首先要言必信，行必果。"诚"字，由"言"和"成"组成，这就是说，要"言必信，行必果"，这是成功的必要条件。同时，诚实是成功之人必备的道德品质。"诚"字从"成",表斩钉截铁、铿锵有力、落地有声、说到做到。

《史记·吴太伯世家》讲述了一个有关诚信的故事,叫"季札挂剑":

春秋时,吴国的贵族季札奉命出访列国,他先到了淮河流域的徐国,受到了徐国国君的热情招待。徐君看到季札体态端庄,腰间佩带着一把宝剑,露出了羡慕的神色,但又不好意思说出来。季札看在眼里,内心暗暗想道:等我办完事情后,一定回来把佩剑送给徐君。怎料世事无常,等季札出使返回时,徐君却已经过世了。季札来到徐君的墓旁,内心有说不出的悲伤,把佩剑挂在徐君墓边的树上。随从不解其意,季札却说:"始吾已心许之,岂以死背吾心哉?"季札讲求诚信,践行了内心的许诺。

其次要真实、不虚。"诚",其本义为真,与之相关联者有真诚、诚实、诚信、诚挚、诚恳,它与虚伪、虚假、矫饰形成鲜明的对比。其内涵体现在如下几个方面:一是真实,不说假话,不说违心话,不干违心事。

二是保持本色，即保持本来的赤诚和纯真。鲁迅先生把作文的秘诀概括为"有真意，去粉饰，少做作，勿卖弄"，这就是说，只有发自内心的文章，才最有真情，最有力量，也最能感染人。写文章如此，做人也是这样。当金钱和权力、虚伪和浮华把人冲击得眼花缭乱的时候，本色日渐淡薄，取而代之的是各种包装和雕饰。结果，人变得言行不一，表里不一，失去本色。"诚"要求人不因环境、地位的改变而改变自身的品性和性格，做一个真实的自我。三是厚道。这就是与人为善，心地善良，厚道为人。不陷害人，更不落井下石。四是自尊。诚实是以自尊为前提的。一个人只有诚信，才能得到尊严和信誉，才能得到社会的接纳。一个人只有自尊，别人才会尊重你。只有诚实了，别人才能对你诚实。一个社会如果视名誉高于金钱的话，那么，诚实就成为必然了。

　　所以"大学之道，在明明德"，把我们内在本具有的明德之性、良善之性，通过遵照古圣先贤的教诲，遵照规律，去践行，我们的明德之性就开启了。

二、修身的纲领之二：亲民

修身的纲领之一是明明德，这是自身内在的修养，是立身之本的学问与功夫。"亲民"则是由内向外，学习怎么去关爱民众、教化民众的学问，是对明明德的效果而言。"亲民"大致有两个方面的意义：

一是"亲民"，指亲近民众，泛爱民众。《说文》："亲，至也。""亲民"就是对民众的周至到位，对民众的亲近、亲爱、亲热。这是获得民心的素质和能力。古往今来，为政者必须亲民，才能得到民众的拥戴，这说明"亲民"是很重要的。

二是"新民"，这是使人弃旧图新，去恶从善，不仅要亲民、爱民、安民、富民，还要教民、育民、化民、新民。朱熹注："新者，革其旧之谓也，言既自明其德，又当推以及人，使之亦有以去其旧染之污也。"

从文字学的原理上说，"亲"字可以通"新"字。如《韩非子·亡征》："亲臣进而故人退，不肖用事而贤良伏。"故"亲民"也为"新民"。"新民"就是自己学成以后，要担负起推己及人、修己安人的使命，使得民众能"革旧立新"，能使民众洗涤心灵的、道德的、行为的污垢，恢复清朗、光明的境地，成为新一代的民众，用今天的话来说就是"育新人"。

新民，首先是修身的一个重要目标。《大学·传第二章》："汤之盘铭曰：'苟日新，日日新，又日新。'《康诰》曰：'作新民。'《诗》曰：'周虽旧邦，其命惟新。'是故君子无所不用其极。"

这段话的意思是，商汤时面盘上的铭辞说："人们如果可以做到每天都革新自己，使人焕然一新，那么就应当天天洗清，弃旧图新，每日不间断，永远保持，做到天天新，每天新。"《尚书·康诰》里说："振作商的遗民，使他们不断革新自己。"《诗经·大雅·文王》篇中说："周国虽是一个古老的诸侯国，但由于文王秉承天命除旧迎新，气象一新。"所以君子用尽一切办法来达到至善的境地。

在这里，曾子强调修身从修己开始，修己就是弃旧图新。

吕蒙因为从小家贫，没有读过书，领兵作战、处理政务碰到不少困难，每当有大事需要禀报时，只能口述自己的意见，由文吏代笔。

有一次，孙权与吕蒙、蒋钦等一班不通文墨的将领闲谈，孙权语重心长地教导说："卿今并当涂掌事，宜学问以自开益。"孙权的意思是说你们现在都是身负重任的将军，应该好好读书，以增长自己的知识。开始，吕蒙对读书的重要性认识不够，强调军务繁忙，没有时间读书。孙权又进一步开导他们说：军务繁忙是事实，但你们难道比我还繁忙吗？我年轻时读过《诗》《书》《礼记》《左传》和《国语》。自从掌握国政以来，又挤时间读了《史记》《汉书》《东观汉记》（合称"三史"）和各家的兵书，自己感到大有益处。我并不是要你们成为精通书经的博士，而是要你们多读些书，了解一些历史上发生过的大事，丰富自己的知识。你们秉性聪明，思想开朗，只要多读一些书，必定会有收获。为什么借故推托，不愿意读书呢？孙权又引用孔子的话"吾尝终日不食，终夜不寝，以思，无益，不如学也"（《论语·卫灵公》）以及汉光武帝、曹操坚持读书的事迹，鼓励吕蒙、蒋钦多读书，并要他们先读《孙子》《六韬》等兵书及《左传》《国语》和"三史"。

孙权的开导和劝勉使吕蒙深受教育和启迪。从此，他在戎马倥偬的生活中，手不释卷，刻苦学习。他读书范围之广，数量之多，连当时饱学的儒生也自叹弗如。

吕蒙坚持读书，思想水平和领导水平都有很大提高。孙权称赞说："人长而进益，如吕蒙、蒋钦，盖不可及也。"东吴名将鲁肃原以为吕蒙不过是一名勇将而已，"意尚轻蒙"。周瑜死后，鲁肃执掌兵权。建安十五年（210年），鲁肃到吕蒙营地视察，谈及敌我军事形势，发现吕蒙的见解十分精辟。鲁肃很惊奇，拍着吕蒙的背说："吕子明，吾不知卿才略所及乃至于此也。"遂拜其母，结友而别。

吕蒙的修身，是从克服自己的惰性开始的，通过勤学多思，不断地提升自己的学识、见识和胆识，从而成为一个杰出的人才。

修身，要从"新民"转向"教化"。孔子在《论语·子路》中回答冉有如何治理一个地方时，说"庶矣哉！"就是先使人口增多，然后"富之"，即使他们富裕，那么，如果已经富裕了，还该做什么呢？孔子回答"教之"，这就是教化。君子穷则独善其身，达则兼济天下。孔子本人也是这样身体力行的。孔子年轻的时候曾做过管理仓库的"委吏"和管理牧场牲畜的"乘田"，都是很卑贱的小吏，但是他做得很有成绩，受到鲁国权臣季氏的赏识，因此进入大夫阶层。

　　当时，周天子地位衰微，诸侯专事征伐，天下礼崩乐坏。孔子立志改变这个世道，建设一个天下一统、充满仁爱，用礼法维持的有秩序的社会。他在50岁的时候，做了鲁国的中都宰，这使他有机会实施自己的救世主张。孔子任职才一年，就把中都治理得非常出色，四方的官吏都去向他学习。后来，他升做大司寇，并代行国相，参与治理国政。仅三个月，鲁国就发生了很大变化，商人不再哄抬物价，男女百姓各守礼法，社会秩序安定。这期间他还为鲁国做成两件大事：一件是他在齐、鲁两国君主会盟时，使强大的齐国归还了侵占的鲁国领土；另一件是拆毁了鲁国三个权臣中的季氏和叔孙氏的城池，使鲁君的地位得到强化。孔子参与国政的时间虽然很短，但是他能以"救世""亲民"为己任，很多事都做得很有成效，影响也很大。

　　偏偏就在这时，齐国耍起了阴谋诡计，他们怕鲁国强盛起来对自己不利，就向鲁君送"女乐"，使鲁君沉溺于女色而无心治国。孔子见自己的理想在鲁国已经无法实现，就决心带领学生到其他国家，宣传自己的救世主张，谋求得到诸侯的任用。

当时，各诸侯国几乎都是由权臣或名门望族执政，他们怕诸侯任用孔子，抢了自己的官，都极力排斥他，有的人又怕别国任用孔子，对自己国家不利，还加害于他。孔子到卫国后，有人带着手持兵器的吏卒来威胁恐吓；孔子到宋国讲道习礼，司马桓魋派人加害于他；楚昭王打算任用孔子，给他封地七田里，却遭到令尹（即国相）子西竭力反对。

孔子还几次受到围攻，差点儿送了性命。他在各国之间奔波，席不暇暖，历尽艰辛，但是始终执着地坚持理想，即使身处绝境，也从不气馁，决不屈服。有一次，孔子在陈国、蔡国之间遭到两国大夫的围攻，已经几天没有吃的，他的学生连饿带病，都倒下了，孔子却依然弹瑟吟唱，没有半点沮丧泄气的样子。学生们看到孔子身处逆境，却依然坚定乐观，都非常敬佩。颜渊说："我们老师的理想高尚远大，不为世人所理解，但是老师却仍然竭尽全力地推行，这才是真正的君子啊。"

孔子在各国奔波，常常寄人篱下，连个落脚的地方都没有，处境非常困难。他到齐国以后，齐景公打算赐给他廪丘作为食邑，他却坚决推辞没有接受。他对学生说："我劝景公听从我的主张，可是他没有听从，却要赏赐给我廪丘，他太不了解我了。"孔子把救世为民视为最高的理想追求，不为荣华富贵所动摇，离开齐国到其他国家去了。

孔子周游列国14年以后，看见自己的主张不能为诸侯所用，就回到鲁国，开始专门从事教育。他打破以前只有贵族子弟才能读书的传统，在平民中招收学生，培养了很多有才学、有品德的学生，其中的一些人被诸侯任用，这些学生继承老师之志，为挽救衰世而不停地奋斗。

孔子为救世奋斗一生，虽然没有实现自己的志向，但是他忧国忧民，为理想执着奋斗，贫贱不能移、威武不能屈、富贵不能淫的崇高精神为后人树立了光辉榜样。

做人可以平凡，但绝对不可以平庸。既然来到了这个世界上，就要对得起自身。坚守一种精神，做出一种榜样，用一身浩然正气彰显自我、改变世界。能做到这一点，就离《大学》所言的"亲民"境界不远了。

今天，我们在修己的基础上，还要"新民"，对广大民众进行教化，以提高人的素质和社会的文明程度，实现这一目标任务依然很艰巨。首先，要培育"天下为公"的社会理想。《礼记·礼运》对我们未来的社会作了美好的描绘："大道之行也，天下为公，选贤与能，讲信修睦。故人不独亲其亲，不独子其子。使老有所终，壮有所用，幼有所长，矜、寡、孤、独、废疾者皆有所养。男有分，女有归。货恶其弃于地也，不必藏于己；力恶其不出于身也，不必为己。是故谋闭而不兴，盗窃乱贼而不作，故外户而不闭，是谓大同。""大同社会"实际上也是我们讲的"中国梦"。理想仍然很遥远，却是我们前进的目标和动力，只有坚定信仰，才能不断地朝理想前进。其次，要培育高尚的道德风尚。既要传承中华"仁、义、礼、智、信"的美德，又要弘扬"刚、强、勇、毅、新"的风骨，大力倡导以爱国主义为核心的民族精神和以改革开放为核心的时代精神，使社会的道德水准与经济的发展同步提升。再次，要增强全民的文化自信和文化自觉，坚持"不忘本来，面向未来，吸收外来"，对中华优秀传统文化进行创造性的转化、创新性的发展，树立正确的国家观、历史观和民族观，增强中华文化软实力。

三、修身的纲领之三：止于至善

至善是指人的心灵获得最大程度的自由，"随心所欲而不逾矩"，达到与自然、事物、社会发展相统一的境界。"明明德"和"亲民"的最终方向是"止于至善"，这也是修身所追求的最终期许。

止于至善，即使人达到最完善的境界。虽然很多人做不到圣人眼里的完善境界，但我们可以做到自己眼里的完善境界。怎么做到呢？比如我们尝试每日"三省吾身"，假如昨天犯的错今天不再犯了，那么我觉得我们就做到了今天最完善的境界了。止于至善，就是达到极善境界才止步，否则就一直追求、不懈地努力，永远也不停止。

那么，为什么要止于至善，如何达到止于至善的境界呢？

第一，人本有善性。孟子认为："人性之善也，犹水之就下也。人无有不善，水无有不下。""此天之所与我者，先立乎其大者。"在孟子看来，人性中有善性，就像水必然从高处流到低处一样，人没有不善的，水没有不往低处流的。

第二，人会变得不善。人虽然有善性，但假如缺乏后天的教化，其善的本性就会被遮蔽。

第三，人要达到至善的境界，要自省、改过，努力日行一善，达到人格的完善，正如了凡那样，向着至善的目标不懈地追求。

如何达到止于至善的境界呢？《大学》没有直接回答。我认为人要达到至善的境界，必须努力具有"水"的至德。这就是老子在《道德经》中指出的"上善若水"。老子在概述了水的"善利万物而不争，处众人之所恶"的总体品质之后，又具体列举了水的十种智慧，即"居善地，心善渊，与善仁，言善信，正善治，事善能，动善时"，用现代汉语来讲述，就是居处善于卑下，心思善于沉静，施与善于仁爱，言谈善于诚信，为政善于治理，做事善于达成既定的效果，行动善于选择合宜的时机。

"唐宋散文八大家"之一、北宋著名文学家苏辙曾著有一本《老子解》，在此书中，苏辙对老子所讲的水所具备的这"七善"进行了很好的阐释：

居善地——"避高趋下，未尝有所逆，善地也。""避高趋下"，就是说水避开高的地方，而只往低下的地方流；"未尝有所逆"，也就是说水从不违背这个原则；"善地"，即善于选择合适的地方，在这里就是说，水之避高趋下是一种善于择地的表现。它告诫人们，应当善于谦卑，而不汲汲于高处。

心善渊——"空虚寂寞，深不可测，善渊也。"这是说，水的表面看起来是很平静的，但它的内部是"空虚寂寞，深不可测"的，有着极为丰富而深邃的内涵，能够包容万物，就如同深渊一般。一个"心善渊"的人，一定是达到了很高修养的人，是一个具有涵养而不肤浅的人。所谓"静水流深"，肤浅其实是为人的一个大忌，为什么这样说呢？因为肤浅很容易让人放肆，而人一旦放肆起来也就难免要做错事。人们通常说的"恃才傲物"，实际上也是一种肤浅的表现，而真正有涵养的人绝不会在他人面前炫耀自己的才华，以及自己所拥有的其他方面。

与善仁——"利泽万物，施而不求报，善仁也。"这是说，水泽润万物，但是它施与了那么多，却从来不索取报酬，这就是善于仁爱。善于仁爱的人懂得"知恩图报""施恩善忘"。有的人做了善事，唯恐别人不知道，到处张扬，这就是行善的动机不纯了。真正的施与一定是从仁爱出发的，是不考虑利益得失的。我们之所以热烈地赞美母爱，就是因为母爱是无私的，母亲对子女几乎是毫无保留地付出，却从不要求子女的回报，因此，母亲的形象才是如此的伟岸，如此的可敬、可爱。

言善信——"圆必旋，方必折，塞必止，决必流，善信也。"其意思是，水进入圆形的地方就会旋转，进入方形的地方就会转折，堵塞住它，它就会停下来，而决开它，它又会流下去，这些都是可以信验的。

正善治——"洗涤群秽，平准高下，善治也。"这是说，水可以清洗一切脏的东西，而且它又是很公平的，水在一个容器之中，它的表面一定是平的，即使容器偏了，水面也依然是平的，不会有高下之分，而消除脏乱和公平行事正是为政的基本之所在。

事善能——"遇物赋形，而不留于一，善能也。""遇物赋形"是说任何东西在水面上都会显现出自身的形状来；"不留于一"就是说水并不要求某种特别的形象，而是什么都接受。善于做事的人就是这样，他不只是解决一些容易的问题，对复杂的问题也毫不辞让，真正地来者不拒，这才是真正的"能"。

动善时——"冬凝春冰，涸溢不失节，善时也。"水在适当的时候凝固和结冰，在适当的时候干枯和涨溢，总是能够配合天时与节气，它不会在冬天涨溢，也不会在夏天结冰，这就是善于选择时机。

总而言之，在老子看来，水具有近乎完美的品性，是最接近于道的，因此老子才说："上善若水。"至善的境界就是谦卑、宽厚、仁爱、诚信、公正、机变、适时，可见这个要求是很高的。

第四讲　修身的主要内容

　　《大学》在"三纲领"之后，列出了"八条目"，阐述了修身的基本内容。

　　"古之欲明明德于天下者，先治其国；欲治其国者，先齐其家；欲齐其家者，先修其身；欲修其身者，先正其心；欲正其心者，先诚其意；欲诚其意者，先致其知；致知在格物。物格而后知至，知至而后意诚，意诚而后心正，心正而后身修，身修而后家齐，家齐而后国治，国治而后天下平。"其意义简释如下：

一、格物——调查研究

　　"格物"就是要求人们亲历其事，亲操其物，实事求是，增长见识。在读书中求知，在实践中求知，而后发现规律，明辨道理。

　　汉字的"格"字，甲骨文为 ，由 （各，进犯）和 （彳，行）组成。《说文解字》："格，木长貌。从木，各声。"意思是说，格，树高枝长的样子。采用"木"作形旁，"各"作声旁。格，从木，表明与树木有关；"各"是各个不同，各有各的特点，寓意有所区别、差异，"木""各"相合，是木与木相隔离，用木加以区分，表示各自、每个之意。"格"是推究的意思，如"致知在格物，格物而后知至"，通过格物获得的知识，也称为格言。

"物"字，从牛，从勿，牛是人类传统的田力与祭祀用牲；勿为杂色旗，引申指杂色。物的本义是指杂色牛，泛指杂色物。《说文解字》："物，万物也。牛为大物，天地之数起于牵牛，故从牛，勿声。"物因此表示万物，如"方以类聚，物以群分""物极必反""物竞天择，适者生存，逆者淘汰"。

"物"是一个哲学名词，通常认为有一个物质世界和一个精神世界。战国列御寇《列子·黄帝》给"物"下的定义是："凡有貌、象、声、色者，皆物也。"中国的传统文化很重视"物"这个概念，对物与道、物与心都作了探究。道家强调要处理"物"与"我"的关系，老子称道者万物之奥，认为万事万物生息发展的奥妙全部可以包含在"道"中。儒家也重视"物"，孟子将"物"和"我"相对，提出"万物皆备于我矣"，认为精神凌驾于物质之上。

格物是儒家的一个重要思想，"格物致知"学说正是这"八条目"的基础，是实现由"内圣"到"外王"转变的前提。其中的"格"是推究的意思，"物"指客观事物，"致"是取得，"知"就是知识、认识。"格物"就是推究客观事物的本质原理，尊重科学规律，实事求是，分类认识，端正人们的行为。朱熹认为"格物"就是穷尽事物之理。由格物到致知，有一个从积累到豁然贯通的过程。

"格物"是志于道的起点。这里要强调的是"格"，即"感而通之"的意思。物之所以可感，是因为它不是单纯的物理事实，而是一个体现着天地生生之德之灵性的存在。"鸢飞戾天，鱼跃于渊"体现的是宇宙生机，宇宙被理解为一个大生命体。它是有目的的，因而是有价值的，也是有意志的。作为其中之一员，我们如果灵性尚存，难道不会凛然有悟吗？正所谓心胸有多大，世界就有多大，舞台就有多大。

寻找一个精神家园，精彩地度过一生，恐怕是很多人的渴望，而没有目标的生活就像是在大海中失去航向一样，让人感到无助和恐慌。所以，对于个人来说，目标的设定与个人的人生价值、人生意义紧密相连。

"格物"要宽容他人的个性、收敛自己的个性。格，从木，从各。木，表示树枝、树木；各，表示各自、各类。"木""各"为格，指树木有不同的种类和特性，人的性格也是如此，每个人都拥有自己的个性，因此，社会应该尊重每个人的个性，鼓励多元发展。对待他人，应该宽容，接纳其个性。每个"木"按照一定的规则交叉纵横，就形成了格，格子具有稳定、稳重的特点，格子越大，装下的东西就越多，因此，格物既要鼓励个性的发展，也要内修品格，将个性放在成熟稳重的品格内，为人处世才不会出格。

个性是在对人对事的态度和行为方式上所表现出来的心理特点，如懦弱、粗暴、刚烈等，是作为主休的个人一些特有的秉性，个性既属于心理学范畴，也属于哲学范畴。每个人的成长环境不同，个性也会有差异。心理学家曾对富于创造才能者进行心理学分析，发现个性是创造性的基础，尊重每个人特殊的个性，才能保持社会的创造力。不过，并不是所有的个性都值得提倡和鼓励，一个人不管多有个性，都不能逾越规则、标准，不能违背人的品格。品格是人的品质、道德、行为、作风上所表现的思想、认识、品性等本质。品格是人的内在品质，是可以通过修炼来提高的。一个具有好品格的人，往往能够走得更远。历史上，不少人因忍不住一时之怒，造成一生的遗憾，就是个性出格的表现。

　　左宗棠和曾国藩都是晚清的一代名臣，两人的交情曾比兄弟还亲，他们是湖南同乡，都受到士林仰重，但后来却彻底翻脸，际遇各不相同，这与两人的个性和品格有很大关系。

　　曾国藩个性平和，向来擅长网罗人才。左宗棠考了好几次进士都考不上，曾国藩看到了他的才干，聘他为幕僚。此后，更是让他拥有带兵挑大梁的权力，对他十分信任。

　　而左宗棠的个性，却是疾恶如仇，说话很直，容易激动，性格敏感且刚愎自用，经常因为较真而出格。他的很多批评，虽然是对事不对人，但有些对曾国藩的批评，却被有心人传到曾国藩耳朵里，久而久之，民间便产生了"左宗棠忘恩负义"的评价。这导致他逐渐失去支持。

　　每一个人都有自己独特的个性，形成了具有个性特征的处世方式。"过刚易折，过柔则靡"，最好是刚柔相济，内方外圆。

　　"格物"要求心中有高度和宽度。"木""各"相合为格，即树枝向四面八方伸展，有各自的生长方向，同时又交叉纵横，枝条与枝条间交叉，就形成了空隙、空格，这个空格其实也是人内心的格局，内心的高度、广度和宽度，决定了格局的大小。因此，格物要求做任何事情都要心中有格局，这样才能谋事有方，遇事不慌。所谓格局，就是指一个人的眼界和心胸。中国近代著名的军事家、政治家曾国藩在谈到如何将事业做大时有这样一句名言："谋大事者首重格局。"大格局是一种智慧，大智若愚；大格局是一种境界，大勇若怯；大格局是一种品性，人巧若拙。人处在同一个时间和空间看问题，会存在局限性，从高处和长远的角度看，很多事情就会变得简单而有节奏，忙而不乱。俗话说：心大了，事就小了。一个人要想得到更多机遇，就一定不要去计较生活当中所遇到的烦琐之事。珍惜当下，以大格局的眼光去看待万物，就很容易分清轻重缓急，从而更高效地完成任务，以更加开放包容的心态去为人处世。

中国抗日战争最艰难的时刻，毛泽东发表了著名的《论持久战》，就是洞悉抗战格局的经典代表。

1938年初夏，注定要被浓墨重彩地写进中国人民抗日战争的史册。

此时，正面战场陷入危急的险境。北平、天津、太原、上海、南京、徐州等战略要地相继失守。日军加速推进速战速决、一举灭亡中国的战略企图，将其陆军的绝大部分兵力先后投入中国战场。

1938年5月，为拨去民众思想上的迷雾，正确指引全国抗战，毛泽东把马克思主义的基本原理同中国实际相结合，集中全党的智慧，发表了军事论著《论持久战》。文中，毛泽东充分掌握抗战格局，科学地预见到全国抗战将经过战略防御、战略相持、战略反攻三个阶段，并提出了争取持久取胜的一系列战略战术。毛泽东坚定地告诉大家："抗日战争是持久战，最后胜利是中国的。"

历史作了最好的见证。仅仅过了7年，毛泽东在文中所预见的抗战基本进程和趋势，全部变成了事实。

毛泽东从全局洞悉抗日战争发展趋势，体现了谋大事者必先布大局。大格局决定着事物发展的方向，掌控了大格局，也就掌控了局势。有一句话说得好，你的心有多宽，你的舞台就有多大；你的格局有多大，你的心就有多宽。只会盯着树皮里的虫子不放的鸟儿是不可能飞到白云之上的，只有眼里和心中装满了山河天地的雄鹰才能自由自在地在天地之间翱翔！

　　"格物"要善于从事物的表象中推究出事物的原理法则。格的本义指树木的长枝条交错相抵触，延伸指格子、规则。各种各样的事物有各种各样的特点，格物是将不同的事物按照一定的特点放在格子里，去分析，去判断，勇于探索，穷尽事物的原理，掌握事物发展的规律，从而获得真正的知识。王夫之说："博取之象数，远征之古今，以求尽乎理，所谓格物也。"这就是说，从自然、社会历史的实际过程中探索规律性的认识。以理性思维探究事物的本质，即为"致知"。"格物""致知"是认识过程中相辅相济的两个阶段。格物，是一门被求知心和好奇心引领的学问，有研究表明，科学家与常人并无太多的身体差异，只是他们更加有好奇心，善于观察，勤于思考，有更好的发现问题和探究问题的毅力，他们能够通过艰苦探索，去发现事物变化发展的内在规律。当今社会，信息十分发达，我们不能盲目地接受所谓的真理，也不能等待学术权威的结论，要自己有判断力，才能获得真知。中国历史上著名的医学家李时珍，就是勇于探索、求得真知、格物致知的人。

有一次，李时珍带着弟子庞宪来到武当山。这武当山，风光绮丽，草木繁茂，古树参天，是天然的药物宝库。这天，庞宪劈藤开路，仔细寻觅，突然，他眼前一亮——曼陀罗花！这是华佗配制麻沸散的名药！李时珍也十分惊喜，指着花说："可惜，麻沸散早已失传了。这种花有毒，究竟如何配药，还得重新试验呢。"为弄清曼陀罗花的毒性，取得可靠验方，李时珍冒着生命危险，亲口尝试。

一天，李时珍称出两份曼陀罗花药末，一份备用，一份吞服下去。吃完药，他对徒弟说："等会儿药力发作，你用针扎我身上的穴位，用刀子在我手上划，看我痛不痛。"徒弟含泪点头。

起初，当徒弟用针扎他的时候，他痛得把手缩了回去。过了一会儿，徒弟又用针扎，用刀尖划他的皮肤，他也没有知觉，就这样，李时珍终于摸清了这种麻药的使用方法。

李时珍不顾个人安危，勇于探索实践，终于弄清了曼陀罗花的毒性，并科学运用于实际，达到真正的格物致知。在科学越来越发达的今天，格物不仅强调要勤于思考，还要求与科学实验相结合，与实践相结合，才能获得经得起时间检验的真知灼见。

二、致知——认清本质

致知，就是探究事物发展的本来面目和规律性。透过表面现象分清事物本来的是非、美丑、善恶，而不是人云亦云，浅尝辄止。通过致知，可以提高自己的学养、学识，提高文化修养。

汉字的"致"字，从"至"从"攴"，本义为送到、送去，将物体送到某地，或受人之托，或有自己的目的，所以承担着一定的责任，不可懈怠。"致"还用来形容事物至善至美；"致"又引申为导致、造成的意思。唐代李朝威《柳毅传》中有记："唯恐道途显晦，不相通达，致负诚托。"其中，"致"即因外力作用而导致某种结局的意思。

汉字的"知"字，从矢，从口。矢为箭。箭射出，快而准。口为出口之言。"矢""口"为"知"。《说文解字》："知，识也。""知"的本义是口齿敏捷。矢，疾如矢也，意为知道的事物可以脱口而出。"知识"，是指人们在实践中获得的认识和经验，成语"真知灼见"，指正确而透彻的见解。"知识就是力量"，是英国哲学家弗朗西斯·培根提出的，表达知识是人类文明进步的动力，知识充沛了人的精神，使人聆听人生真谛，从而充满不断探索前行的力量。

《大学》文中虽然讲"致知"，却在其后未作出任何解释，"格物致知"的真正意义成为儒学思想的难解之谜，也逐渐成为后世儒者争论不休的热点议题，以至于今，社会上关于"格物致知"的流行诠释是根据南宋朱熹学说的部分观点，认为"格物致知"就是研究事物而获得知识、道理。王夫之认为"格物"以考察外物为主，"致知"以心官思辨为主，两者相辅相成。

致知要以兴趣为动力。兴趣是目标与行动的动力。"致"的左边是"至"，既是声旁也是形旁。"至"是会意字，甲骨文字形"⍦"像射来的箭落到地上，表示到达。"至"的本义为到，引申指完全达到。寓意是像箭矢一样，明确目标后，以快速行动去抵达。

人的目标和行动与兴趣密切相关。一个人要想成长，一个民族、一个国家要想进步，都必须有自己的目标。没有明确的目标，就像航船没有罗盘一样，在茫茫大海中行驶却没有航线，只能随波逐流。只有树立了目标，才能有的放矢地加以努力。失去了目标，就失去了前进的动力。而实现目标的动力则是兴趣，人只有有兴趣才能以苦为乐，才能有行动的动力和源泉。

本田公司的创始人本田宗一郎1906年出生于日本静冈县，1922年离开家乡来到东京，进入一家汽车修理厂当学徒。他非常勤奋，没多久就成了一名优秀的修理工。1928年，本田宗一郎开办了一家自己的汽车修理厂，经营得非常成功。但这并不是他所追求的目标。1934年，他关闭了汽车修理厂，同时成立了东海精密机械公司，主要生产活塞环，并为丰田汽车供货。然而，这仍然不是本田宗一郎的最终目标。

本田宗　郎在很年轻的时候，虽然·无所有，但有一个雄心勃勃的梦想，他给自己定下了一个目标，那就是要跻身世界最大汽车制造商的行列。开办汽车修理厂和生产活塞环，都只是为了实现这个远大目标所做的铺垫。因此，1945年，他将蒸蒸日上的东海精密机械公司卖给了丰田公司，并于1946年创建了本田技术研究所，开始研发、生产摩托车、汽车。现在，本田宗一郎的这一目标已经实现。在全球小轿车市场，本田的产销量和市场份额与日俱增，和通用、福特、丰田、戴姆勒—克莱斯勒共同跻身于全球最著名的汽车销售商之列。

致知要以精致为追求。"致"从"攵","攵"为敲打，会意鞭策、督促，以达到目的。"至""攵"为"致"，即为不断提醒、鞭策自己，通过反复的磨炼与鞭策尽量使事物完善、完美。"致"引申指精密、周密、细密，后作"緻"，从"系"，会意字，意为使计划、事物等精密，不能忽视细微之处。

唐宋八大家之一的曾巩，年轻时曾多次参加科举考试，但都没有考上。有一天，曾巩和兄弟们正在读书，忽然外面有人递进一张纸条，说是从外墙上边揭下来的。曾巩一看轻轻一笑，交给了哥哥曾晔。原来，纸条上写的是一首诗："一年一度举场开，落杀曾家两秀才。有似檐间双燕子，一双飞去一双来。"字条上的内容正是嘲笑曾巩和曾晔多次应考不中的事情。曾巩来回地踱步，思绪万千。他冷静地告诉哥哥："这张纸条是鞭策我们的鞭子。"从此，弟兄两个每天雄鸡一叫便起床读书，两年里不出家门，孜孜不倦地攻读。功夫不负有心人，三年后，兄弟二人双双考中。不久参加省城考试又全部考中，成了科举史上少有的佳话。

致知要以雅致为依托。"淡泊以明志，宁静以致远"，心情平稳沉着，才能有所作为。雅致在于志趣和品格高尚。致知要有不求名利的志趣。我们常用"高人雅致"指品格高尚之人的优雅情趣。

东晋著名文学家陶渊明由于看不惯官场腐败，毅然辞去彭泽县令，回到家乡自耕自食。他喜欢种植菊花，爱好喝酒，同时也喜欢弹琴。然而，他的琴既没有丝弦，也没有作为音阶标记的徽。

一日，太阳落山，夜幕降临，群星闪烁，陶渊明与朋友在庭院梧桐树下对坐。此时，他兴致甚佳，抚摸着伴随他多年的无弦琴，对朋友说："今夜风清月朗，我为你弹奏一曲。"说完便用双手有节奏地按拍琴板，边弹边说："你听这《幽兰》虽没有声响，却如庭园的花草一样芬芳。这《绿水》还没有弹奏，却似屋后的小溪潺潺流过。"朋友大惑不解，见他弹琴好似装模作样而已，没有一点琴音，就说："先生弹琴堪称人间妙手，为何不拨弦弹奏一曲，以娱耳目？"陶渊明笑道："但识琴中趣，何劳弦上声。"意思就是说，人只要心境平和就乐曲畅快，本性宁静就音声俱备。

　　事实上，陶渊明是在追求一种高雅的志趣。这符合他得其意忘其形的处世之道，琴在他眼中只是一种宣泄自己情感的工具。他并不在意琴究竟发声不发声，弹奏无弦琴只是适性任情，表达心曲而已。正因为有着不求名利，怡然自乐的雅致情趣，陶渊明写下了举世瞩目的田园诗篇，而后人也将"彭泽横琴"的典故传了下来，喻赞陶渊明的志趣高雅不俗。

　　致知要有的放矢，学以致用。致知是获取真知，就必须有的放矢。知，是一种无止境的认识、求知过程。知识是对各种事物的认识和理解，它可以考证，可以传授，可以通过多年学习生涯积累。古希腊哲学家亚里士多德说过，求知是人类的本性。在知识的山峰上登得越高，眼前的景色越壮阔。因此，求知就是一个无止境的探索和学习的过程。《庄子·养生主》："吾生也有涯，而知也无涯。"意思即是，我们的生命有限，而知识永远没有边界。因此，真知的获取必须有的放矢，有了目标才不至于在漫无目的之中荒废光阴、一事无成。

　　飞卫是一名射箭能手。有个叫纪昌的人，想学习射箭，就去向飞卫请教。开始练习的时候，飞卫对纪昌说：

"你要想学会射箭，首先应该下功夫练眼力。眼睛要牢牢地盯住一个目标，不能眨一眨！"纪昌回家之后，就开始练习起来。妻子织布的时候，他躺在织布机下面，睁大眼睛，注视着梭子来回穿梭。两年以后，纪昌的本领练得相当到家了——就是有人用针刺他的眼皮，他的眼睛也不会眨一下。

纪昌对自己的成绩感到很满意，以为学得差不多了，就再次去拜见飞卫。飞卫对他说："虽然你已经取得了不小的进步，但你的眼力还不够。等到练得能够把极小的东西看成一件很大的东西的时候，你再来见我吧！"纪昌记住了飞卫的话。回到家里，又开始练习起来。他用一根长头发绑住一只虱子，把它吊在窗口。然后每天站在虱子旁边，聚精会神地盯着它。那只小虱子，在纪昌的眼里一天天大起来，练到后来，大得竟然像车轮一样。取得了这样大的进步，纪昌赶紧跑到飞卫那里，报告了这个好消息。飞卫高兴地拍拍他的肩头，说："你就要成功了！"于是，飞卫开始教他怎样开弓，怎样瞄准，怎样放箭。后来，纪昌成了百发百中的射箭能手。

三、正心——端正心性

《大学》说:"欲修其身者,先正其心。"想要提高自身品德修养的人,必须先端正自己的内心,培养高贵的灵魂,调节自己的情绪。"格物致知"讲的是一个人文化知识的修养,"正心"讲的是思想道德和心理素质的修养。正心的关键在于一个"正"字,心正则行正。

"正"字,甲骨文为 $\begin{smallmatrix}\square\\ \downarrow\end{smallmatrix}$,上面的"□"为区域、范围,表示方向、目标,下面是"止",意为行走、进发,指朝着这个方位或目标不偏不斜地走去。《说文解字》中解释:"正,直也。从止,一以止。凡正之属皆从正。"意思是说,正,正直无偏斜;从止,用"一"放在"止"上,会上位者止于正道之意;大凡正的部属都从正。本义为举止不偏斜,掌握在限定的范围内,又向固定的目标前进,正直无偏斜。"正"字由"正中""正直"这层意义又引申为指人的品行的端正。

"心"字,甲骨文为 ♡ ,像人和动物的心脏的形状,上面的左右短斜可以看作是心脏上的血管或瓣膜。金文为 ♡ ,少了左右的斜线,多了中间的一点,表示心脏是有血的。小篆为 ♡ ,中间像人体内心脏的形状,图案突出了该心脏上端的动脉入口管道、静脉入口管道。

　　《说文解字》对"心"的解释是："心，人心，土藏，在身之中。象形。博士说以为火藏。凡心之属皆从心。"意思是，人的心脏，是属土的脏器，藏在身躯的中部。依博学之士说，心是属火的脏器。所有与心相关的字，都用"心"作部首。心的本义是指人的心脏。古人发现，心不仅是泵血器官，还是感知器官，具有直觉思维的能力，所以，用心来表示人的思维和情志，如"想""情""恭""慕"等。

　　儒、释、道三家对"心"的概念均很重视。儒家把心作为意志和道德品性的称谓，认为心是思维器官，有知觉，有道德品性，能主宰人的行动。孔子说："七十而从心所欲。"孟子讲人心固有仁、义、礼、智四端。张载说："为天地立心，为生民立命，为往圣继绝学，为万世开太平。"心是一种价值观，也是一种精神状态。只有好的"心地""心态""心境"，才能有好的状态、生态。不论对个体，还是对国家、社会，"心"的健康都是至关重要的，是一切健康发展的基础。

　　如何做到"正心"呢？《大学·传第七章》作了具体的阐述："所谓修身在正其心者，身有所忿懥，则不得其正；有所恐惧，则不得其正；有所好乐，则不得其正；有所忧患，则不得其正。心不在焉，视而不见，听而不闻，食而不知其味。此谓修身在正其心。"这段话的意思是说：之所以说修养自身的品性要先端正自己的心思，是因为心中有所愤怒，就不能够端正；心有所恐惧，就不能够端正；心有所偏好，就不能够端正；心中有所忧虑，就不能够端正。心思不端正就像魂不守舍一样，虽然在看，却像没有看见一样；虽然在听，却像没有听见一样；虽然在吃东西，却一点儿也不知道是什么滋味。所以说，要修养自身的品性必须先端正自己的心思。

这段话有几层意思：

第一，正心，首先要有好的心境、心情。人的"七情六欲"对人的身体是有很大的影响的。人要健康，关键是气血、气脉要畅通。气脉不畅通，则会伤神、伤身。人生理上的病，往往是由心理的病引起的。正所谓喜伤心、怒伤肝、思伤脾、悲伤肺、恐伤肾，情绪的波动过于激烈会打破内在生理的正常升降出入，致使精、气、血、津代谢失常，而导致生病。愤怒、恐惧、喜乐、忧患这几种心理，对人的身体都有很大的伤害。

第二，心里有偏好、有私心，也不可能正心。一个人凡是从偏好出发，就会戴着有色眼镜看人。《大学·传第八章》说："所谓齐其家在修其身者，人之其所亲爱而辟焉，之其所贱恶而辟焉，之其所畏敬而辟焉，之其所哀矜而辟焉，之其所敖惰而辟焉。故好而知其恶，恶而知其美者，天下鲜矣。"这里讲的"辟"，是指偏颇。这段话的意思是说：所谓安顿家庭的基础在于修养自身，意思就是人们对于自己亲近爱慕的人，表现就会有所偏颇；人们对于自己排斥讨厌的人，表现就会有所偏颇；人们对于自己畏惧尊敬的人，表现就会有所偏颇；人们对于自己同情怜悯的人，表现就会有所偏颇；人们对于自己轻忽怠慢的人，表现就会有所偏颇。因此，喜欢一个人同时也知道他的缺点，厌恶一个人同时也知道他的优点，天下能做到的人是很少的。

《大学》在这里列出了五种使人陷于偏颇的情况，即人们对自己"亲爱、贱恶、畏敬、哀矜、敖惰"的人，会表现出"包容、排斥、逢迎、善意、敌意"等言行，说明个人成见是会受到主观情绪左右的，因此，并无道义可言。为此，只有修身，才能拥有一颗公心，不为主观情绪所左右。

　　第三，正心还要防止心不在焉。这就是要提高专注力。"吃饭就是吃饭，睡觉就是睡觉。"这就是修炼。只有高度专注才知道饭香的滋味。有人由于心不在焉，结果是食而不知其味。心不在，正心也就无从谈起。

　　正心，除了要达到以上的要求以外，还要做到如下几点：

　　正心，必须一心一意，朝着正确的目标前进。"正"从一，从止。"一"为一心一意，矢志不渝。从一、从止，即是"止于一"，表示万物要合乎"一"，以"一"作为准则，"一"是追求远大的目标。这里就说明了目标和方法要正当、正确。在人生的道路上，有的人有成就，有的人平庸，其差别在于是否选择了一个正确的目标。"正"又由"上""下"两字组合而成，上下对齐为正，意为不偏不斜，用正当的方法，走正道，行正事。

　　有了正确的目标，还必须选择正确的方法和道路，否则，也不能达到正确的目标。很多时候，成功除了勇敢、坚持以外，更需要找对方向、路途，也许有了一个正确的方向，成功就在眼前。

正心，必须处世公正、正派。"正"的本义就是直。"正"字共有五笔，每笔都是笔直的，包含公正之意，告诫人们为人要公正无私、堂堂正正，处世要公公正正。

大汉王朝开国名相萧何可以说是一个正心有为之人。《史记·萧相国世家》记载了他清正为人的故事：

萧何出生于江苏沛县，为人宽厚正直。当他担任秦沛令"主吏掾"时，就曾多次周济尚未发迹的刘邦。刘邦反秦建立大汉王朝，萧何功不可没。

当项羽率师北上，击破秦军主力数十万人于巨鹿战场之时，刘邦则日夜兼程，乘虚攻入了秦都咸阳。萧何这时担任刘邦的主丞。刘邦的义军一入咸阳，诸将纷纷涌向秦之府库，争抢金银财帛，连刘邦也被胜利冲昏头脑，一头扎进秦宫，贪恋着金玉、美女而舍不得离开。这时，唯独萧何对金银财帛毫不动心，却急如星火地赶往秦丞相御史府，收取律令、文献档案，细心地保护起来，正是这一举措，为今后治国安邦提供了制度依据。

刘邦被封为汉王以后拜萧何为相，萧何为刘邦确立了养民、致贤的方略，而"萧何月下追韩信"更成为历史上的美谈。

萧何担任宰相以后，勤于百事，关心民生疾苦，秉性廉正。为了百姓的利益，不惜得罪刘邦，甚至被下狱。

汉惠帝二年（公元前193年），年迈的萧何由于长期为国操劳，终于卧病不起。病危之际还不忘荐贤，推举与自己闹过矛盾的曹参为相。曹参为相后，"萧规曹随"，使百姓得以休养生息。三年后，曹参病逝，老百姓作歌称道：

萧何为法，颟若画一；

曹参代之，守而勿失。

载其清净，民以宁一！

老百姓颂扬曹参之功，还不忘追怀萧何的恩德，汉代名相萧何的伟大，在于"正心"：摆正自己的位置，处世待人有公正之心，身上充满一股浩然正气。

在人的优良品格中，正直尤为可贵。正直的人胸怀坦荡，是非分明，疾恶如仇，为了伸张正义常常挺身而出。我国著名学者马寅初曾经说过："言人所言者易，言人之欲言者难，言人之不敢言者就更难。我就是要言人之欲而不敢言之言。"他正直耿介的品格，被无数后来人引以为楷模。当然，正直也容易招惹是非，遭受打击，甚至酿成杀身之祸。因此说，正直的人能够说正直的话是国家大幸，反之，则是国家的悲哀。

正心，为人处世必须持中、恰当。《文选·东京赋》："正，中也。""正"的原始含义为箭靶的中心，表示不偏斜、平正，刚好、恰好之意。我们做事最怕"过犹不及"，过了，则过了头，不及，则是不够火候，偏袒一方，必然引起另一方的反对，结果都会得罪人。

"正"字告诉我们，处世要善于节制和知止。"正"字从"一""止"，表示发现偏离正确的方向就要及时停止，也表示知耻则先止。在人生道路上，不仅要出发、奋斗，追求成功、拥有，而且还要时时反思、检讨，一旦发现失误、错误就要及时地纠正，这样，才能始终走在正确的道路上。

东汉著名经学家马融想要给《左氏春秋》作注，但他看到已经有贾逵、郑众二人作注在先，于是，马融便找来他们的注解阅读。仔细读过之后，马融这才意识到自己不适合给《左氏春秋》作注，他这样评价说："贾逵的注本精深而不广博，郑众的注本广博而不精深。既要做到精深而又广博，就凭我个人的水平，又怎能超过他们呢？"

马融正是因为看到了贾逵、郑众二人注解的"精"和"博"，因此果断打消了给《左氏春秋》作注的念头，转而去写《三传异同说》，随后又为《孝经》《离骚》等书作注，后来成就斐然。

东汉有名的词赋家王延寿游览鲁国的灵光殿之后，写出了一篇很有气势的《灵光殿赋》。凑巧的是，著名文学家、书法家蔡邕也游览了此殿，也在写《灵光殿赋》。蔡邕写到一半的时候，看到了王延寿的作品，不由得大加赞赏，并连连称奇。蔡邕自叹不如，随即停笔，另写其他文章，后来也创作出了不少经典的作品。

马融和蔡邕都是大学问家，"知止"是他们共有的人生智慧。

知止可以远离错误，知止可以防微杜渐，知止也是一种明智，知止的关键是节制欲望。

四、诚意——诚实意念

《大学》说："欲正其心者，先诚其意。"意为想要端正自己的内心，必先使自己的意念诚实、守诺如金。诚意是正心的前提。那么，什么是"诚意"呢？《大学·传第六章》说："所谓诚其意者，毋自欺也。如恶恶臭，如好好色，此之谓自谦。故君子必慎其独也。"

这段话的意思是说：所谓诚实自己的意念，就是说不要欺骗自己。就像讨厌难闻的味道，爱好美色那样自然真实。这样诚实不欺，才称得上自我满足。因此君子一定要在自己独处时特别谨慎。

《大学》在这里指出了，人在言行表现发动之初，就要端正意念，不要"自欺"。毋自欺，再慎独，然后才会自谦，做到内心无所遗憾。

"诚"字，篆文为䛭，从言，成声。《说文解字》中解释："诚，信也。"言指言语；成指壮丁扛戈，已长大成人。《增韵》："诚，无伪也，真也，实也。"本义为真心诚意，如"诚心诚意""以诚待人""开诚布公""著诚去伪"等。

"意"字，从音，从心。"音"既是声旁也是形旁，表示人的发声器官发出的声响。金文🜚，呈混合结构，音为声，曰为说，表示言语所传达的心声。篆文🜚，音为声，心为情感，表示言语包含的心理情感。

"意"的造字本义是：心思，心念。《说文解字》中说："意，志也。从心察言而知意也。从心，从音。"后延伸为愿望、志向、料想、情趣等意。"意"为心念，即兴而多变，三心二意乃人之常情；"志"为理性化的心念，具有稳定性、长期性，故曰"有志者事竟成"。"意"，指个人的心思、想法，强调的是个体性和主观性。

"诚意"以正心作为基础。"意"字的下部是一个端端正正的"心"。《大学·经一章》："欲修其身者，先正其心；欲正其心者，先诚其意。"儒家认为，人心受到愤激、恐惧、喜乐、忧患等情欲的影响会不得其正，而心必须有所诚求，才能不乱而正。所以，"欲正其心者，先诚其意"。诚意的关键在于"格物致知"。只有对人情物理的认识提高了，才能服膺义理，主动克制情欲。这样，由于意真诚、心端正，个人道德完善，家庭中形成父慈子孝的关系，治国、平天下的政治理想也就实现了。正心诚意是达到心正意诚的至善道德境界的必由之路。

宋代理学家程颐说，进修之术，"莫先于正心诚意"。朱熹也赞之为"万世学者之准程"。在王阳明看来，能够做到正心，自然就能做到诚意，而不需要特意再去追求诚意。正心是内在，那么这个内在表现出来的就是诚意，而充满诚意地去体会去观察，自然就是格物，自然就能致知。心学大师王阳明《传习录上》中对如何"正心"有一段对话：

守衡问："大学的功夫只是诚意，诚意的功夫只是格物。修身齐家治国平天下，只是诚意达到极致。又有'正心之功，有所忿懥好乐，则不得其正'，为什么？"

王阳明回答说："这个要自己思考才能得到，知道这个道理，就知道未发之中了。"

守衡再三请问。王阳明回答说："为学的功夫有浅有深，起初的时候如果不踏实立意去好善恶恶，怎么能够为善去恶呢？这个踏实立意就是诚意。但不知道内心的本来面目原本是没有一物的，一味立意去好善恶恶，便又多了这份意思，就不是廓然大公，书所说的没有做出喜欢和厌恶，才是内心的本来面目，所以说'有所忿懥好乐，则不得其正'，正心只是诚意功夫里面体会自己内心的本来面目，常常要明察持平，这就是未发之中。"

"诚意"表现为真诚。就是胸怀坦荡，以诚待人。

曾巩和王安石两人彼此倾慕，结成挚友。曾巩为人襟怀坦荡。一次，宋神宗问他："王安石这个人到底怎么样呢？"曾巩直率地回答："王安石的文章和行为确实不在汉代扬雄之下；不过他为人过吝，终比不上扬雄。"神宗感到很诧异："王安石为人轻视富贵，你怎么说是'吝'呢？何况你们是挚友啊！"曾巩回答说："虽是挚友，但朋友并不等于没有毛病，我也不会隐瞒他的缺点。王安石勇于作为，而'吝'于改过。我所说的'吝'，乃是指他不善于接受别人的批评意见而改正自己的错误，并不是说他贪惜财富啊！"神宗听后称赞道："此乃公允之论。"

法国作家大仲马曾说过："一两重的真诚，等于一吨重的聪明。"其实，在与人交流中，我们不仅要欣赏彼此优点，更要敞开自己的真诚之心，敢于力陈其弊，促其改之，绝对不能阿谀奉承，特别是在对方"头脑发热"之际，更不能一味喝彩，而要用肺腑之言为其"泼冷水"，这才是真正的真诚。

"诚意"表现为忠于本心。诚作为一种行为，是受一个人的心地、心态所决定的，诚者，不骗人、不自欺，真实无妄，忠于本心。

一次，清朝名将岳钟琪和一个姓张的将军因行军布阵发生了严重分歧，遂大吵一番，还差点动起手来。说来也巧，在两年后的一场战役中，张将军被敌军团团围住，而岳钟琪的军队恰好就在附近驻扎。岳钟琪的一名部下听说张将军身陷窘境，拍手称快，还建议岳钟琪不要去管他。没想到，岳钟琪给了他一巴掌，大声喝道："糊涂，你这是小人行径！张将军为保家卫国身陷重围，怎能见死不救？如果做了这种欺心事，那我心里一辈子也不得安宁！"说完，岳钟琪急忙跨上战马，率兵前去支援。当张将军被救出重围，得知事情原委之后，扑通一下跪在了岳钟琪的面前，虎目含泪，哽咽无语，两人遂结拜为兄弟。

一个人要想立足并且得到他人的尊重，首先必须做到不欺心。

"诚意"的前提是诚心，但诚心并不意味着死板、僵化。我们要做成事，还要善于变通，善于创新，千方百计地达到成功的目标。

　　大师老了，准备在几位得意门生中选拔一位接班人。

　　有一天，大师把几位候选的弟子召来，公开说明了这次选拔接班人的条件，就一句话："诚实是做人之本！"说完后，他给弟子们每人发一小包萝卜籽，让他们回去后在一个盆里育种，半个月后端来，大师亲自检查哪位菜种得好，这个人就是接班人。

　　很快半个月过去了。有三个弟子端来的是一盆泥土，光秃秃的，没有萝卜；另一位弟子端来的却是水灵灵、嫩绿的萝卜菜。

　　大师看了一眼弟子们的劳动成果，微笑着开了口："我在半个月前曾经说过'诚实是做人之本'。我发给大家的是煮熟晒干后的种子，不可能发芽的。"大师朝弟子们望了望，只见那三位端着一盆泥土来的弟子脸上浮现出得意的微笑。

　　"今天，我宣布种出萝卜菜的弟子，将接替我掌管工作！"大师提高声音说道。

这下，那三个弟子脸上的微笑消失了，直愣愣地盯着大师。

大师继续微笑着解释："做人要以诚实为本，但做事要以善于沟通解决为本。诚实是种子，做事是让种子破土发芽。长满萝卜菜的弟子回去后种下菜籽，三天后见不发芽，就找到了我，问明原因，然后立即买回来新种子种下。这样，他的盆里就有了种子的生命。"

大师说完，再次抬眼看着弟子们。"做人诚实之本不能去，做事要发现问题不能少，解决问题不能缺，这才是接班人的必备条件。"

第五讲　修身的进程与步骤

　　《大学》在提出修身的"三大纲领"以后，又指出了修身的过程与步骤。《大学·经一章》说："知止而后有定，定而后能静，静而后能安，安而后能虑，虑而后能得。"有学者把知止—定—静—安—虑—得，称为修身六步骤，也有学者把"知、止、定、静、安、虑、得"看作修身的"七证"，即修身的层次。我认为可以看作修身的六个步骤：

一、知止——明确原则，理清期许

　　"止"指"归宿""立场"。"知止"即对价值观、目标、归宿和自己的原则立场有明确了解。"知止"比"知足"的境界更高一层，知足是不贪，知止是不追。知止是对名利说"够了"，对安逸和私欲说"够了"。

　　知止是六个步骤的起点，"知止"首先要知道目标何在。这是人生历程的一个重要开端。人生最重要的是确定自己的理想和要达到的目标，并为之奋斗。人要知道自己应该停止在何处，歇息在何时。

　　其实，说现代人没有目标也是不合适的，很多人追逐金钱、职位、房子、车子等物质财富，这也是目标。不过目标有境界高低的不同，不同的目标指向不同的人生。不少人趋于逐物而为物所役，这是一种悲哀。物质生活是我们生存的基本条件，但不是最终目标。像古人一样"穷且益坚，不坠青云之志"也许有点难，但是现在我们大部分人已经衣食足、仓廪实了，在追求物质生活进一步丰富的同时，给自己的灵魂也留一点上升空间，不仅应该，也属可行。

　　造成逐物潮流，应该跟社会和个人两方面都有关系。首先，物质是人们必不可缺的生存基础，如荀子所说，"日好色，耳好声，口好味，心好利，骨休肤理好愉佚"，这是人性的一方面，人们希望过得安逸舒服，而这些必须通过物质来满足，这是人们追逐物质利益的一个诱因。但是，物欲必须有一个"度"的问题，这个"度"与自己的追求有关，与教化有关，与社会风气有关。假如过分地强调所谓的"物质决定论"，势必导致物欲横流的社会取向，同时又缺乏道德引导及精神建设，这种风气将无所约束进而泛滥了。

　　"知止"是适可而止，这就是用"中庸"去作出抉择。《礼记》说："傲不可长，欲不可从，志不可满，乐不可极。"说的是傲气不可滋长，欲望不可放纵，志气不可自满，享乐不可超限。"知止"是用"中庸之道"

去处理问题，把握好一个"度"，努力做到恰到好处。一方面，要兼顾两端，不要走极端，善于作适当的平衡，找到共同点、平衡点，避免冲突，用"和"去解决问题；另一方面，要通权达变，因地制宜、因时制宜、该止则止、适可而止。在合适的时间、合适的地点，停止脚步。一个人安身立命，最重要的是把握好分寸，凡事适可而止，留有余地，避免走极端，特别是在权衡得失进退的时候，更要注意这一点。宋朝李绎因久宦在外，意不自得，作《五知先生传》：安身立命当知时、知难、知命、知退、知足，时人以为智见。反其道而行，结果必适得其反。这就要求得意时莫忘回头，着手处当留余地。在我们的人生道路上，不仅要奋斗、追求成功，而且要内敛、节制和知止。

二、有定——站稳立场，坚定不移

"定"是定向。朱子《大学章句》解"定"字说："知之，则有定向。""定"字应指坚定不移。"知止而后有定"意思是说，对目标有明确的了解，然后方能坚守不移。生有"定"，就是人生旅途有定位、定识、定力。这个"定"，聚焦在一点就是面对动荡、坎坷、困惑、诱惑时，能够不为所动，定心、定志、笃定地把握自我的信心和意志。

"定"，从宀，从正。"宀"的本义为房屋，"正"为"走"，表示行走或肯定。"正"中含"止"，寓指"定"是行走止于屋，表示止息。因此，定为安定、稳定。《说文·宀部》："定，安也。"定有安稳之意。

定，首先是心定。"此心安处是吾乡"，心定则是稳。这就包括目标坚定，凡是认准了的目标，就坚定地走下去，不为外界所干扰，不动摇、不彷徨。当今许多人，往往"志大而才疏"，缺乏坚定的目标，没有主心骨，为功名利禄所左右，为他人的看法所左右，因此，容易改弦易辙，结果一事无成。

定，要在情绪、心理上镇定、淡定。在人生道路上，会碰到各种艰难险阻，这就要提高自己的心理承受能力、抗压能力，做到"泰山崩于前而色不变"，从容、淡定，善于应变。

定，要有抵制诱惑的定力。人生活在世俗之中，外界的诱惑是很多的，如功名、利禄、美色等，假如没有一定的定力，守不住初心，守不住底线，就会前功尽弃，不能善始善终。

三、能静——动机纯正，心不妄动

"静"指心性纯正恬静。朱子《大学章句》释"静"字说："静，谓心不妄动。"《论语》也说："仁者静。"道家《太上老君说·常清静经》云："人能常清静，天地悉皆归。"道家认为清静是追求一种身心的完全超脱，绝对自由的境界。静是坚定不移地朝着目标迈进，要心无旁骛，心不二用。在纷纷扰扰的人世中，在熙熙攘攘的人事中，不为名利而躁动，不为危辱而惊喜，始终保持一种平和的心态。

内心清静，自有远大。静，是内心和谐的胸怀气度，是修身养性的精神追求，是厚积薄发的成功之道，更是人生与事业的美丽风景。静以修身，非宁静无以致远。静是一阳初动万物资始者，庶可谓之静极，意思是真正的静是潜伏，是蕴积，是在安静的状态中积蓄一点生动的意念。就像是冬至，阴气殆尽，阳气初动，此时根正本固，是世间万物有待生长的一个起点，也是最具生命力的一个起点。心中守住这样的感觉，既安详，又充满生机，那才是君子守静的根本。

安得静心有洞天。静源于心，心必有志。凝神而能气定，气定而能守静。善守静者，心宽似海，心明如镜，心坚如钢。当一个人心静如水时，其心犹如明镜一般一尘不染，面对世俗纷扰都能以平和之心对待。内心平和宁静，可以忽略外界纷繁复杂的局面，可以为自己保留一份纯与真。

静能克浮躁，静能生智慧。世界喧嚣，人心浮躁，若身心安稳，心中多一份平和，脚下的路便会开阔一寸，平和对待别人，解脱自己；眼底的淡然多一些，生活中的美好就会多许多，淡泊明志，宁静致远。潜心修行，人生因淡然而清雅，生命因平和而博大。人生在世，如能富而不奢，达而不狂，挫而不躁，功而不骄，成而不怠，定会进入别有情致的一方洞天。真正的静应当包括身静、心静、神静三个层面。

静要有一片素心、一颗丹心。静从青，青者，素净，丹成。青从素，素是未染之衣；丹，是炉火纯青，丹鼎炼成。青指质地朴素，心地纯净。清与静是联系在一起的，正如"水"只有"静止"才能让杂质沉淀下来，变得清澈。人亦如此，心不清，就不会静；心静了，说明心清了，也就能明辨是非，这样，不管遇到什么事情，也能镇定自若，从容不迫，运筹帷幄，发挥灵动性，所以说，心静则灵。

　　纵观古今，人类对科学的探索，事业的攀登，人生的追求，大凡取得成功的，无不在"静心"中孕育，在"静气"上汲取营养。诸葛亮《诫子书》有这样一句名言"非淡泊无以明志，非宁静无以致远"，没有恬静寡欲的修养，就不会有明确的志向；没有宁静的心态，就无法达到远大的目标。诸葛亮告诉自己的孩子，人生要想成功，就必须学会一个静字。他之所以能赢得刘备刘皇叔"三顾茅庐"的屈尊相请，就是他静在卧龙岗上韬光养晦的结果，他看历史，读当代，研古今，窥时政，测天象，这些都是和静字紧紧相连的。

　　静要有为不争。人生有许多烦恼，皆因纷争引起，争名、争利、争面子，烦恼不断。不争并不等于放弃理想和追求，而是选择一条无人能与之争的独特道路，选择没有人走过的道路，独辟蹊径。同时，不争也是一种忍让，在关乎大局的问题上，作出让步，不要斤斤计较，以牙还牙，你死我活，两败俱伤。

　　杨玢是五代时的尚书，他家住宅宽敞，人丁兴旺。有一天，他正在家里读书，他的侄子跑进来说："不好了，我们家的旧宅被邻居侵占了一半，不能饶他！我们已写好状子，非告他不可！"杨玢看后，提笔在状子上写了四句话："四邻侵我我从伊，毕竟须思未有时。试上含元殿基望，西风秋草正离离。"写罢，他对侄子说："在私利上要看透一些，遇事都要退一步，不要斤斤计较。"这起纷争就此平息。在现实生活中，难免与他人有磕磕碰碰的事，悠然地轻轻一笑，挥洒自如，心境就会很平和，生活也会更美好。

　　静要专心精进，宁静致远。"静"音通精、进。"静"有纯净的意思，"精"有美好的意思。人们认为，纯净的东西自然是美好的，所以，"静"和"精"两字不仅谐音，在意义上也是有关联的。静能成精，这不难理解，一个人内心平静，心无旁骛，便能专心一致，这是做好求精的前提。"静而后能安，安而后能虑，虑而后能得"，做任何事情，心不静就没有收获，没有收获何谈求精？

　　董仲舒年少时读书非常刻苦，经常是夜以继日，他的书房紧靠着姹紫嫣红的花园，但他三年没有进过一次花园，甚至连一眼都没瞧过。后来他被征为博士，公开聚众讲学，弟子遍布四方。

一家媒体采访苏联著名科学家尤比契夫，摄影师给他拍照时，他开玩笑说："要照相不应该照脸，而应该照臀部。"这句话虽然是开玩笑，但也很中肯，意思就是说，像他们那些学者所取得的成功，全在于屁股"坐得住"。其实，这种"坐得住"的态度正是我们大多数人缺乏的"静"的心态。一个人如果想要在某个方面有所建树，就必须耐得住寂寞，坐得住冷板凳。霍金为什么能够成为科学的巨人，是他天资聪慧吗？恐怕不尽然。"如果不是因为生病，我不会有今天的成就。"霍金的话向我们提示了他能够"站起来"的原因：专注而安静地坐着。

人生贵在坐得住，人生也难在坐得住。坐得住贵在坚守，因为只有坐得住，才能磨炼意志，才能凝聚力量，才能造就辉煌。摒弃浮华，坚守住内心的操守，能经得起诱惑，坐得住冷板凳，这是几乎所有成功的人都具备的品质。因为不经历寂寞、逆境的考验，就无法磨炼自己的意志，也就无法到达成功的顶峰。

静是淡的宁静，不张扬，埋头苦干，蓄养扭转乾坤的正能量。

有个日本武士道高手来到少林寺，挑战空言大师。空言大师让弟子把日本武士带进来。武士见面就抽刀，空言大师却请他喝茶。日本武士相信这些和尚不会害他，就坐下来边打量边喝茶。

空言大师倒茶滴水不漏，坐下时衣带无声。日本武士的杀气于无形中消减，心想即使不动手，也要与老僧论学比高低。于是，日本武士大谈日本武士道如何厉害，空言大师静听不发一言。

最后日本武士话说完了，茶也喝完了，只好口干舌燥地离开。

同门问武士在空言大师面前为何不动手，武士说："这些和尚太沉默了，当时气氛压抑如山，我稍有举动，就会遭巨石压顶。"

这就是"静"的力量。

四、能安——身心安详，从容有度

"安"是随处而安稳。朱子《大学章句》释"安"字为"安，谓随处而安"。意思是安心自然。"安"在这里是指安居、安分、安定、安乐、安心、安泰，随遇而安。既可以安于陋巷、疏食、卑职、穷困，也可以安于朱门、鼎食、高官、显达。朱熹说："静是就心上言，安是就身上言。静安颇相似，安盖深于静也。"心静了，自然身也安了。

安以身安、心安为基本要求。安，除了安定的意思，还有安康、安心等延伸义。安心是做人的出发点，也是归宿。身安是健康的标志，但心安才能拥有幸福的人生。有的人虽然富裕，但精神不安。其实，当精神不安时，所有做人处世的技巧都只能算是做秀。就好比在现实生活中，有些人为了享受奢侈的生活，大发不义之财，虽然生活很富裕，但内心深处惴惴不安，胆战心惊，苦不堪言。所以说，身安不如心安痛快实在。只有寻求心安，我们的人生才会更从容和洒脱。

五、能虑——思虑周到，摒除偏见

宁静之所以能致远，是因为心智、心态处于宁静、安定的状态，才能深谋远虑，考虑周全，有远见卓识，成为睿智的人。

虑是用心静默的思维方式。繁体的"慮"字，下部有一个"思"字，这是指虑是一种思维活动。佛教把虑称为思维修，也就是静思。慧从静思中来，儒家也提倡虑。孔子要我们"一日三省吾身"。省，其实就是虑，一天三次反省自己是否有做错事。静思是一种心态的平和，是使浮躁的心绪平静下来。静思会使人产生智慧，很多灵感都是从静思中冒出来的，世界上许多科学的发现，都是来自静思。艾萨克·牛顿被誉为人类历史上最伟大的科学家之一，他发展了微积分学，发现了万有引力定律和经典力学。一天，牛顿坐在苹果树下深思。这时候，一个苹果掉在地上，打断了他的思绪。牛顿灵光一闪，之后发现了万有引力定律。

一只蜘蛛在断墙处结了网，把家安了下来，但是，它的生活并没有安宁，因为它常常会遭受风雨的袭击。又是这么一天，大雨来临，它的网又一次遭受劫难，它一次次地向上爬，又一次次地掉下来。一直在屋里避雨的三个人看到蜘蛛爬上去又掉下来的情景，都陷入沉思。第一个人看到后，叹了一口气，自言自语地说："哎，我的一生不正如这只蜘蛛吗？我的境况就是这样，虽然一直都在忙忙碌碌，可结果却是一无所得。看来我的命运和这只蜘蛛一样，是无法改变的。"于是，他继续沉迷于颓废之中，日渐消沉。第二个人在一旁静静地看了一会儿，不屑一顾地说道："这只蜘蛛真愚蠢，为什么不从旁边干燥的地方绕一下爬上去呢？以后我可不能像它那样愚蠢。再遇到棘手的问题我一定要用头脑认真思考，不能一味地埋头苦干，尽量寻找解决问题的捷径。"从此，他处事变得聪明起来。第三个人专注地看着屡败屡战的蜘蛛，心灵为之深深地震撼了，他想："一只小小的蜘蛛竟然具有如此执着而顽强的精神，有这样的精神一定可以取得成功。我真应该向这只蜘蛛学习！"受这只蜘蛛的启发，他从此坚强无比，以后果然有一番成就。

善于思考，处处都有成功力量的源泉。其实成功的本质是蕴藏在人的内心的，总想着成功的人，在什么地方都能学会思考，并从中得到启迪。

虑要缜密筹谋。俗话说，先谋而后动。"虑"字从七，从心，"七"个"心"表示一种深谋远虑，也是一种机警敏捷。常言说，人无远虑，必有近忧。对于需要很长时间才能得到解决的问题，如果缺乏长远和妥善的考虑，而采取了目光短浅就事论事的临时措施并付诸实行，那么由此而来的短期行为，将会使问题变得复杂而难以解决，并且还会影响到今后的长远利益。为此必须要对将来可能出现的状况有所预料和关注，并做出比较全面的安排。

历史上陈平、周勃就是两位深谋远虑的人。汉惠帝在位七年，朝政大权由其母亲吕后掌控。后来，吕后临朝称帝，封吕姓为诸侯王。丞相王陵对此极为反对。陈平、周勃却赞同吕后的做法。王陵因不顺从吕后的意思，被罢免了官职。陈平、周勃表示顺从吕后，实则心向刘氏。几年后，吕后逝世，他们便策动消灭了吕后的势力，平定了汉朝初年外戚窃权的危机。陈平、周勃善于权衡利益得失，用时间换空间，实现了自己的目的。

北宋时代，西夏主李继迁骚扰西部边疆，保安军上奏，擒获了李继迁的母亲。宋太宗想把她杀掉，犹豫未决之际，请来枢密使寇准单独商议此事。商议停当，寇准退出归家时，路过相府，就把这件事告诉了宰相吕端。吕端说："这样做，未必合适。"于是他便晋见皇帝说："从前项羽欲烹高祖父太公以示威于高祖，而高祖却说愿分得一杯羹。举大事者是不顾父母的，何况李继迁是不孝之子呢？陛下今天杀了他的母亲，明天就能抓住李继迁本人吗？显然不能，这只能增加他对大宋的仇恨程度，坚定他的反叛之心。"太宗说："那么如何是好？"吕端说："依臣愚见，应将她安置于延州，派人好好服侍她，以招安李继迁。他即便不立即来降，也可拴住他的心，因为他母亲的生死完全掌握在我们手中。"太宗拍腿，说："不是你提醒，差点儿误了大事。"后来，李继迁的母亲病死于延州。最后，在李继迁死后，他的儿子竟来投诚。吕端的深谋远虑平息了一次战乱，可谓功德无量。

虑要依律而动。《说文·思部》："虑，谋思也。"思虑是一种缜密的筹谋，这种筹谋不是胡思乱想，而是要遵循客观规律，按规律办事。虑要有丰富的想象力，但不是胡思乱想，不是背离客观规律。否则，这种虑就会误入歧途。

一位建筑师设计了一套综合楼群。崭新的楼房一座座地拔地而起，即将竣工时，园林管理部门的人向建筑师要人行道和绿化等设计。建筑师说：我的设计很简单，请你们把楼房与楼房之间的全部空地都种上草。园林工人虽然很不理解，但还是按照建筑师的要求做了。

结果在楼房投入使用以后，人们在楼间的草地上踩出许多小道，走的人多道就宽些，走的人少道就窄些。在夏天，草木葱葱的季节，这些道路非常明显、自然、幽雅。到了秋天，建筑师让园林管理部门沿着这些踩出来的痕迹铺设人行道。当地的居民对这位建筑师的人行道设计非常满意，他们感到方便、和谐、幽雅，愿意走这些道路。反观当今，很多建筑设计看似豪华、气派，却较少考虑人们的便利，往往大而不当、华而不实，值得我们深刻反思。

六、有得——领悟目标，有所收获

人能够深虑、远虑，就能洞察秋毫，一定会有收获。唯有深谋远虑，才能洞彻明鉴；唯其思前想后，才能足智多谋；唯其居安思危，才能察己知变；唯其能智慧地思虑，才能有所得。

得要用自己勤劳的双手，把握好有利时机，及时付诸行动。得，从"彳"，指行为、行动；从"旦"，指初升的太阳，引申为一日之晨，指一年之春和人生之青春年华，"寸"为手，意为寸心。"得"字在这里指出了得的途径是行动，不是空谈，要把握时机，不能错失机遇，要一心一意，用心去实现。

在中国的历史上，有两个故事一直为人传颂至今。其一是姜子牙磐溪垂钓数十载，以无饵钓鱼的方式等来文王，辅佐周武王攻下镐京，灭了荒淫无道的纣王，建立了周王朝；其二是诸葛亮隆中躬耕数十载，换来刘备"三顾茅庐"，进而辅佐其三分天下。这就是抓住机会取得成功的典范。

拿破仑·波拿巴，法国18世纪政治家、军事家，法兰西第一帝国和百日王朝皇帝，可他原来只是一个小小的尉级炮兵军官。1793年，他被派往前线，参加进攻土伦的战役。正当革命军前线指挥官面对土伦坚固的防守犯难的时候，拿破仑立刻抓住这个机会，直接向特派员萨利切蒂提出了他的作战方案。萨利切蒂正苦无良策，看到拿破仑的方案觉得很有新意，立即任命他为攻城炮兵副指挥，并提升为少校。拿破仑抓住这个机遇，在前线精心谋划，勇敢战斗，充分显示出他的胆识和才智，最后攻克了土伦。他因此荣立战功，并被破格提升为少将旅长。一举成名，为他后来叱咤风云，登上权力顶峰奠定了基础。

得要互惠双赢。"得"字有一个双人旁，"得"不只是一个人的得，而是双方甚至多方的得，这就是互利共赢。在我们这个社会上，人与人之间都是相互依存的，帮助他人，就是帮助自己，利人利己。

美国石油大王哈默，在成为富翁之前，曾是一个不幸的逃难者。有一年冬天，年轻的哈默随一群同伴流亡到美国加州一个名叫沃尔逊的小镇上。在那里，他认识了善良的镇长杰克逊。那天，冬雨霏霏，镇长门前花圃旁的小路便成了一片泥潭。于是，行人就从花圃里穿过，弄得花圃里一片狼藉。哈默也替镇长痛惜，便不顾冬雨浇身，一个人站在雨中看护花圃，让行人从泥泞的路上穿行。这时，出去半天的镇长笑意盈盈地挑着一担炉渣铺在泥潭里。结果，再也没人从花圃里穿过了。镇长意味深长地说："你看，关照别人就是关照自己。"从此，哈默以此作为座右铭，终于成为石油大亨。

得是一点一滴的积累，积小得成大得。得字的右边，上边是日，下边是一寸，寓意一点一滴的小得，日积月累，终成大得。成功在于积累。

　　唐朝诗人李贺，字长吉，福昌（今河南省宜阳县）人。相传七岁能作诗。有一次，韩愈和皇甫湜来到他家，当场叫李贺赋诗，只见他胸有成竹，一挥而就，自题为《高轩过》。韩愈二人惊叹不已。从此，李贺便名动京邑。然而，李贺并不是光凭借天才成为著名诗人的。为了搜集创作素材，李贺经常一吃过早饭就出门，骑上一匹瘦马，背着一只旧锦囊，外出游历，观察生活。每当他触景生情，偶有所得时，便立即把涌入脑中的诗句记在纸条上，然后投入锦囊中。晚上回到家里，他再把那些记有零星诗句的纸条一一掏出来，对着昏暗的油灯，进行整理加工。经过精心构思，反复琢磨，才写成了一首首新奇瑰丽的诗篇。

　　在现实世界里，每个年轻人都有梦想，都渴望成功，然而志大才疏往往是阻碍年轻人成功的最大障碍。他们看到的只是成功人士功成名就时的辉煌，却往往忽略了他们在此之前所进行的努力。而事实上，人世间没有一蹴而就的成功，任何人都只有通过不断的努力才能凝聚起改变自身命运的爆发力。成功需要积累，这是一条最原始的途径，也是最简单的真理。

得是以德获得，心安理得。《礼记》曰："德者，得也。"意为德的意义就是精神、理智上的完美获得。得音通德，德是指行为目标归于一心，心明为道，行正为德。有德之人即有得，得德之人是真得。得名得利，都是身外之物，只有得德才是真收获。当年商纣当政，听信奸佞，残害忠良；大修鹿台，横征暴敛，朝野怨声载道，政权风雨飘摇。而周武王体恤民情、奋发图强，贤能云集，可谓得人心。牧野一战，灭掉商纣，结束了商代后期的残暴统治，建立了西周。西周以德获得天下，曹操诗曰：周公吐哺，天下归心。

第六讲　修身的法门

　　《大学》对修身的目标、内容、历程、步骤都讲得很清楚，最后还讲了修身的法门。这个法门也就是修身的功夫，主要有如下几个方面：

一、慎独

　　《大学·传第六章》："君子必慎其独也。""曾子曰：'十目所视，十手所指，其严乎！'"意思是说，君子在独处的时候，一定要注意自己的行为。曾子曾经说过："很多眼睛在看着你，很多手在指点着你，这多么让人敬畏啊！"慎独，就是要做到人前人后一个样，有人监督和没人监督一个样。

　　《大学》讲修身要"慎独"和"慎微"。《中庸》说："莫见乎隐，莫显乎微，故君子慎其独也。"就是说君子在无人监督的情况下，凭着高度自律，也能遵从道德规范，不做有违道德信念和原则的事。

　　清代河南巡抚叶存仁离职时，僚属们在深更半夜用小船给他送了一批礼品。叶存仁既不想私藏暗吞，又不愿生推硬挡，就写了一首诗，巧妙地加以拒绝："月白风清夜半时，扁舟相送故迟迟。感君情重还君赠，不畏人知畏己知。"其中，"不畏人知畏己知"集中体现了这位巡抚的人生操守，可视为古人慎独的一个范例。

慎独是一种应有的觉悟，也是修养的功夫，要不断加强自律，尤其是在私底下、无人时、细微处，更要如履薄冰、如临深渊，始终不越轨、不逾矩，方能称得上真君子。

"慎独"与"慎微"是紧密相连的。在许多情况下，一些人对大问题、大事情比较重视，也能够谨慎从事，而对自以为微不足道的"小事"，却放纵马虎，不太慎重。

然而，正像《后汉书》上说的，"轻者重之端，小者大之源，故堤溃蚁孔，气泄针芒。是以明者慎微"。历史上，以小失大的例子举不胜举。

楚晋鄢陵之战时，楚将子反口渴了，侍从给他送上一碗酒，子反明知战时不可饮酒，但经不住酒香的诱惑，喝了一碗，就控制不住了，以致楚军败绩，楚王砍了他的脑袋。正可谓不慎其微，不慎其独，遗恨无穷，可悲可叹！

修身要始终不以"无人知晓"而放纵自己，不以"小节无碍"而开脱自己，不以"下不为例"而原谅自己，方可进入"自由与道德融合"的人生之境。

二、谨戒

《大学》说："瑟兮僴兮者，恂栗也。"恂栗为惊恐、畏惧之意。意为君子要保持内心的恭敬畏惧，谨戒从事。谨，主要指言语和行动上的谨慎，不打诳语，不讲无根据之话，不做无胜算之事。戒，主要是改正，从错误中汲取教训，不再犯错。

曾国藩从三十一岁起，给自己订了个"日课册"，称为《过隙集》，"凡日间过恶，身过、心过、口过，皆记出，终身不间断"。

他不但内心反省，而且努力改正。《过隙集》刚写到第九天，他便猛省从前与某人结仇怨，错在自己当初"一朝之忿，不近人情"，当晚他即到该人住处"登门谢罪"。

其实曾氏原来也是一个满身缺点的人，根据《曾国藩日记》，青年时期的曾国藩有几大毛病：浮躁、虚伪、狭隘、自以为是、无恒心、好名、贪利、好色等。但他在史册上留下的形象却是为人谦抑自退、宽容忍让、不居功、不凌人，别人对他的尊敬不仅出之于口，而且服之于心，被称为"一代完人，千古楷模"。

之所以这样，完全取决于其修身功夫，具体的表现一是自省，二是克己。曾氏在三十多岁时，在翰林院有一段八九年的刻苦自励的修身生涯，他以诚意、恭敬、谨言、静心、有恒作为每天的功课，对自己做一番涤旧生新的修炼重铸。这段时期帮助他克服了不少自身的毛病，逐渐培育了良好的习惯。这种修身他坚持终身，直到去世前夕，他还反省自己："通籍三十余年，官至极品，而学业一无所成，德行一无所许，老大徒伤，不胜悚惶惭赧。"他面对功劳的"功成身退"，他做事方式的"拙诚""平实"，他对人生期望的"求阙""惜福"，等等，足以体现他修身的境界。这种修养与感受，诚如其名句所言："倚天照海花无数，流水高山我自知。"

三、自牧

《大学》主张"卑以自牧"，自我完善，提出了修己、反己、克己、求诸己的要求。

《大学·传第九章》："是故君子有诸己而后求诸人；无诸己而后非诸人。所藏乎身不恕而能喻诸人者，未之有也。"

这段话的意思是说：因此之故，君子自己做得到的，才要求别人也做到；自己不做某种恶事，然后才去批评别人。如果君主自己不采取推己及人的忠恕之道，而能有效地晓谕别人，那是不曾有过的事。

孔子在《论语·卫灵公》中说："君子求诸己，小人求诸人。"凡事要"虚己以求，屈位伸道"，讲究"始克一念之功"，去掉好色、好货、好名的虚荣。

唐大历十三年（778年），回纥五千人入侵大唐边境，代州刺史张光晟奉命率军迎敌。

当时，张光晟手下有精兵两万之多，人数是回纥的四倍。然而，第一战，张光晟却败于敌手。兵败之后，张光晟的许多部下深为不服，要求再战。在军事会议上，面对部将一浪又一浪的请战，张光晟作出了一个惊人的决定："不必再战了！"一位部将问道："将军，我军的数量优于敌军，又有天时地利的优势，再战一定能取得胜利，为何不战？"张光晟心情沉重地说："你说的没错，我们占据天时地利，兵马数量也在对手之上，却首战告负，可见，是我的德行不如对方，不能很好地凝聚大家的战斗力，我应该检讨，找出自身的毛病，然后再战，才有胜利的把握。"

张光晟没有将失败的原因推到别人身上，而是反求诸己，这种精神深深感动了全体将士和当地百姓。在张光晟的指挥下，将士们一方面做好战前准备，一方面发动百姓，坚壁清野，军民联手，最终大败回纥。

很多时候，有些人喜欢用贬低别人、粉饰自己来掩饰失败，很少能像张光晟那样反求诸己，在失败面前反思自己的缺点和错误，从而提升自己，找到克敌制胜之法，这是自省能力不足的表现。

《大学·传第十章》提出了君子絜矩之道，说："所恶于上，毋以使下；所恶于下，毋以事上；所恶于前，毋以先后；所恶于后，毋以从前；所恶于右，毋以交于左；所恶于左，毋以交于右。此之谓絜矩之道。"

这段话的意思是：厌恶上位者所做的，就不要以此使唤部下；厌恶属下所做的，就不要以此事奉上位者；厌恶前者所做的，就不要以此对待后者；厌恶后者所做的，就不要以此对待前者；厌恶右边的人做的，就不要以此对待左边的人；厌恶左边的人所做的，就不要以此对待右边的人。这就叫作"絜矩"之道。

"絜"为度量，是量周长的绳子；"矩"是画直角的尺子。"絜矩"是指法度、规则，本身就是标尺，然后才能衡量外物。絜矩之道有两个意义，一是将心比心，推己及人；二是以身作则，作出示范。也就是要先求诸己，后求诸人。"己所不欲，勿施于人。"以己之心度人之心，换位思考，这样与人相处一定是和谐的。

《大学》的修身之道，充满高远的思想境界，闪耀着为人处世的智慧，提供了待人接物的方略，值得我们去认真地体味、领会，并将之融入我们的生活中，落实到行动上。让我们遵循《大学》的教诲，以修身为路径，完善我们的人格，成为止于至善的人。

附　录　《大学》原文和译文^①

经一章

【原文】

大学之道，在明明德，在亲民，在止于至善。

知止而后有定，定而后能静，静而后能安，安而后能虑，虑而后能得。物有本末，事有终始，知所先后，则近道矣。

【译文】

大学的宗旨，在于彰明人们光明的德性，在于革新人民、亲近人民，在于使人们达到至善的目标。知道应该达到的目标，然后才能有确定的志向，有了确定的志向，然后才能心静，心静然后才能神安，神安然后才能思虑周详，思虑周详然后才能处事得宜。凡物都有本有末，凡事都有始有终，知道事物的先后次序，就接近大道了。

①参见刘桂标、方世豪导读及译注：《大学・中庸》，中华书局（香港）有限公司2016年版。

【原文】

古之欲明明德于天下者，先治其国；欲治其国者，先齐其家；欲齐其家者，先修其身；欲修其身者，先正其心；欲正其心者，先诚其意；欲诚其意者，先致其知；致知在格物。物格而后知至，知至而后意诚，意诚而后心正，心正而后身修，身修而后家齐，家齐而后国治，国治而后天下平。

【译文】

古代想要彰明光明德性于天下的人，先要治理好自己的国家；想要治理好自己的国家，先要整顿好自己的家庭；想要整顿好自己的家庭，先要修养自身；想要修养自身，先要端正自心；想要端正自心，先要诚实自己的意念；想要诚实自己的意念，先要获得知识。获得知识就在于推究事物的原理。推究了事物的原理才能得到真知，得到真知然后才能意念诚实，意念诚实然后才能心正，心正然后才能提高自身修养，提高了自身修养然后才能整顿好家庭，家庭整顿好了然后才能治理好国家，国家治理好了然后才能使天下太平。

【原文】

自天子以至于庶人，壹是皆以修身为本。其本乱而末治者，否矣。其所厚者薄，而其所薄者厚，未之有也！

【译文】

从天子下至平民百姓，一律要以修身为根本。这个根本坏了乱了，而派生的枝干末梢却能治好，那是不可能的。对与自己关系亲密的人情意淡薄，而对与自己关系淡薄的人却情意浓厚，没有这样的情理。

传第一章

【原文】

《康诰》曰："克明德。"《大甲》曰："顾是天之明命。"《帝典》曰："克明峻德。"皆自明也。

【译文】

《尚书·康诰》篇说："能够彰明美德。"《尚书·大甲》篇说："要顾念熟思上天赋予的光明使命。"《尚书·帝典》篇说："能够彰明伟大的品德。"说的都是自己去彰明光大自己的德性。

传第二章

【原文】

汤之盘铭曰："苟日新，日日新，又日新。"《康诰》曰："作新民。"《诗》曰："周虽旧邦，其命惟新。"是故君子无所不用其极。

【译文】

商汤面盘上的铭辞说："假如今天洗净污垢更新自身，那么就要天天清洗更新，每日不间断地清洗更新。"《尚书·康诰》篇说："使人民不断革新自己。"《诗经·大雅·文王》篇说："周虽然是个古旧的邦国，可它承受天命，气象一新。"所以，英明的国君为了除旧更新，没有一处不用那最有效的手段。

传第三章

【原文】

《诗》云："邦畿千里，惟民所止。"《诗》云："缗蛮黄鸟，止于丘隅。"子曰："于止，知其所止，可以人而不如鸟乎？"《诗》云："穆穆文王，於缉熙敬止。"为人君，止于仁；为人臣，止于敬；为人子，止于孝；为人父，止于慈；与国人交，止于信。

　　《诗》云："瞻彼淇澳，菉竹猗猗。有斐君子，如切如磋，如琢如磨。瑟兮僩兮，赫兮喧兮。有斐君子，终不可諠兮。"如切如磋者，道学也；如琢如磨者，自修也；瑟兮僩兮者，恂栗也；赫兮喧兮者，威仪也；有斐君子，终不可諠兮者，道盛德至善，民之不能忘也。

　　《诗》云："於戏！前王不忘。"君子贤其贤而亲其亲，小人乐其乐而利其利，此以没世不忘也。

【译文】

　　《诗经·商颂·玄鸟》篇说："京都直辖地区方圆千里，这是人民居止的所在。"《诗经·小雅·缗蛮》篇说："缗缗蛮蛮地鸣叫的黄鸟，栖止于山丘多树的一角。"孔子说："关于栖止，黄鸟还知道自己该栖止的处所，怎么可以人还不如鸟呢！"《诗经·大雅·文王》篇说："端庄肃穆的文王，啊！不断地走向光明，敬其所处的地位。"所以，作为人君要居心于仁爱，作为人臣要居心于恭敬，作为人子要居心于孝顺，作为人父要居心于慈爱，与国人交往要居心于诚信。

　　《诗经·卫风·淇澳》篇说："瞧那淇水的水湾，菉竹草茂盛美观。有位文采焕发的君子，犹如骨角经过切磋，犹如玉石经过琢磨。矜庄啊，严谨啊！显赫啊，昭明啊！有位文采焕发的君子，令人始终不能忘怀啊！”“如切如磋”的意思，喻指君子的努力治学；“如琢如磨”的意思，喻指君子认真地自修；“瑟兮僩兮”的意思，是说君子端庄恭慎的心态；“赫兮喧兮”的意思，是说君子的威严仪表；“有斐君子，终不可諠兮”的意思，是说君子盛大的品德尽美尽善，人民不能忘记他。

《诗经·周颂·烈文》篇说：“啊！对于前王要念念不忘。”嗣位的君子之所以不忘前王，是尊重前王的贤德，热爱前代的亲人；百姓们之所以不忘前王，是乐于享受前王所创造的安乐局面，乐于享有前王所带来的利益：因此人人终生念念不忘前王。

传第四章

【原文】

子曰：“听讼，吾犹人也，必也使无讼乎!”无情者不得尽其辞，大畏民志。此谓知本。

【译文】

孔子说：“听断诉讼，我犹如他人的心情一样，一定要使人们不再发生争讼。”圣人使没有真情实意的人不敢申说他那狡辩的官辞，大服民心。这便称得上知道根本。

传第五章

【原文】

此谓知本。此谓知之至也。

【译文】

这就叫作知本，这就叫作认知的极致。

传第六章

【原文】

所谓诚其意者，毋自欺也。如恶恶臭，如好好色，此之谓自谦。故君子必慎其独也。小人闲居为不善，无所不至，见君子而后厌然，掩其不善而著其善。人之视己，如见其肺肝然，则何益矣。此谓诚于中，形于外，故君子必慎其独也。曾子曰："十目所视，十手所指，其严乎！"富润屋，德润身，心广体胖，故君子必诚其意。

【译文】

所谓诚实自己的意念，是说不要自己欺骗自己，就像厌恶难闻的气味、爱好美色那样自然真实。这样诚实不欺，才称得上自我满足。为了做到诚实不欺，君子必须戒慎自己一人独处的时候。小人平日闲居时为非作歹，没有哪样坏事是做不出来的，及至见到君子，然后遮遮盖盖地掩藏他那不光彩的行径，而故意显露他的"善良"，却不知别人看自己，就如同看见了自己的肺肝一样，那装模作样又有什么益处呢！这是说，充满于心中的东西，总要表现在外面的，所以君子必须戒慎自己一人独处的时候。曾子说："很多眼睛在注视着你，很多手在指点着你，这是多么严厉可怕呀！"财富能够润饰房屋，道德能够润饰人身，心胸宽广从而身体舒适，所以君子一定要诚实自己的意念。

传第七章

【原文】

所谓修身在正其心者，身有所忿懥，则不得其正；有所恐惧，则不得其正；有所好乐，则不得其正；有所忧患，则不得其正。心不在焉，视而不见，听而不闻，食而不知其味。此谓修身在正其心。

【译文】

所谓修身在于端正自心，意思是说，自身有所愤怒，心就不能端正；有所恐惧，心就不能端正；有所偏好，心就不能端正；有所忧虑，心就不能端正。被愤怒、恐惧、偏好、忧虑所困扰，导致神不守舍，心不在

焉，看也看不明了，听也听不清了，吃食物却不知食物
的滋味。这说的是修身在于端正自心的道理。

传第八章

【原文】

所谓齐其家在修其身者，人之其所亲爱而辟焉，
之其所贱恶而辟焉，之其所畏敬而辟焉，之其所哀矜而
辟焉，之其所敖惰而辟焉。故好而知其恶，恶而知其美
者，天下鲜矣。故谚有之曰："人莫知其子之恶，莫知其
苗之硕。"此谓身不修，不可以齐其家。

【译文】

所谓安顿家庭的基础在于修养自身，意思是说，人
们对于自己所亲近喜爱的人，往往有过分亲近喜爱的偏
向；对于自己所轻贱厌恶的人，往往有过分轻贱厌恶的
偏向；对于自己所畏服敬重的人，往往有过分畏服敬重
的偏向；对于自己所哀怜矜恤的人，往往有过分哀怜矜
恤的偏向；对于自己所傲视慢待的人，往往有过分傲视
慢待的偏向。所以，喜欢某人同时又知道他的缺点，厌
恶某人同时又知道他的优点，这种人天下就很少了。所
以谚语有这样的说法："由于溺爱，人们不知道自己孩子

的过错；由于贪得，人们不满足自家禾苗的壮硕。"这说的是自身不提高修养就不能安顿好家庭的道理。

传第九章

【原文】

所谓治国必先齐其家者，其家不可教，而能教人者，无之。故君子不出家，而成教于国。孝者，所以事君也；弟者，所以事长也；慈者，所以使众也。《康诰》曰："如保赤子。"心诚求之，虽不中，不远矣。未有学养子而后嫁者也。一家仁，一国兴仁；一家让，一国兴让；一人贪戾，一国作乱。其机如此。此谓一言偾事，一人定国。尧舜帅天下以仁，而民从之；桀纣帅天下以暴，而民从之。其所令反其所好，而民不从。是故君子有诸己而后求诸人；无诸己而后非诸人。所藏乎身不恕而能喻诸人者，未之有也。故治国在齐其家。《诗》云："桃之夭夭，其叶蓁蓁。之子于归，宜其家人。"宜其家人，而后可以教国人。《诗》云："宜兄宜弟。"宜兄宜弟，而后可以教国人。《诗》云："其仪不忒，正是四国。"其为父子兄弟足法，而后民法之也。此谓治国在齐其家。

【译文】

所谓治理国家必先安顿好家庭，意思是说，连自己家人都不能教育好而能教育好别人，这是没有的事。所以，在位的君子不出家门就能够完成对全国的教育。孝顺父母的感情，同样可以用来事奉国君；敬重兄长的感情，同样可以用来事奉尊长；慈爱子女的感情，同样可以用来对待民众。《尚书·康诰》篇说："爱人民如同保护婴儿。"心里如果真有这种博爱的追求，即使不能做得完全合格，那也差得不远了。爱心是天赋的，没有哪个女子先学养育婴儿、疼爱婴儿，而后才去嫁人的。国君一家人仁爱相亲，那么一国人就会受到感化，兴起仁爱的风气；国君一家人谦让相敬，那么一国人就会受到感化，兴起谦让的风气；国君一人贪婪暴戾，那么一国人就会受到影响，纷纷为非作乱；国君一人一家对国家治乱的关键作用就是这样。这就叫作一句话可以败坏大事，一个人可以安定国家。尧、舜用仁政统率天下，于是人民就跟从他们学仁爱；桀、纣用暴政统率天下，于是人民就跟从他们学残暴。国君所颁布的政令与他本人的爱好相反，人民就不肯依从了。所以，国君自己有了好的德行，然后才去要求别人；国君自己没有坏的习性，然后才去批评别人。藏在自身的思想根本没有这种推己及人的恕道，而能有效地晓谕别人，那是未曾有过的事。所以说，君主要治理好国家，首先要安顿好自己的家庭。《诗经·周南·桃夭》篇中说："桃花娇艳艳，桃叶绿蓁蓁，此女嫁来了，适宜一家人。"适宜了一家人，然后才可以教育一国人。《诗经·小雅·蓼萧》篇中说："宜兄宜弟。"与兄弟合心友爱，然后才可以教育一国人。《诗经·曹风·鸤鸠》篇中说："他的仪容没有差错，能够匡正这四方各国。"他作为父亲、作为儿子、作为兄弟都值得效法，然后人民才能效法他。这说的是治国在于先治其家的道理。

传第十章

【原文】

所谓平天下在治其国者，上老老，而民兴孝，上长长，而民兴弟，上恤孤，而民不倍，是以君子有絜矩之道也。所恶于上，毋以使下；所恶于下，毋以事上；所恶于前，毋以先后；所恶于后，毋以从前；所恶于右，毋以交于左；所恶于左，毋以交于右。此之谓絜矩之道。《诗》云："乐只君子，民之父母。"民之所好好之，民之所恶恶之，此之谓民之父母。《诗》云："节彼南山，维石岩岩。赫赫师尹，民具尔瞻。"有国者不可以不慎，辟则为天下僇矣。《诗》云："殷之未丧师，克配上帝。仪监于殷，峻命不易。"道得众则得国，失众则失国。

【译文】

所谓平定天下在于先治理好国家，意思是说，国君尊敬老人，从而国民就会兴起孝敬的风气；国君尊重长者，从而国民就会兴起敬长的风气；国君怜恤孤儿，从而国民就会不背弃孤弱。是以君子有以身作则、推己及人之道。按：絜是量周长的绳子，矩是画直角的尺子。首先絜矩本身就是标准，然后才能衡量、规范外物。絜矩之道喻指君子以身作则、推己及人之道。凡是上面的人待我的态度为我所厌恶的，我就不用这种态度任使下面的人；凡是下面的人对我的态度为我所厌恶的，我就不用这种态度事奉上面的人。凡是前面的人待我的态度为我所厌恶的，我就不用这种态度对待后面的人；凡是后面的人待我的态度为我所厌恶的，我就不用这种态度对待前面的人。凡是右面的人待我的态度为我所厌恶的，我就不用这种态度对待左面的人；凡是左面的人待我的态度为我所厌恶的，我就不用这种态度对待右面的人。这就叫作"絜矩"之道。《诗经·小雅·南山有台》篇说："快乐的君子，是人民的父母。"人民喜爱的他就喜爱，人民憎恶的他就憎恶，这样的国君才称得上是人民的父母。《诗经·小雅·节南山》篇说："那座高峻的南山，岩石高耸险峻。声名赫赫的太师尹氏，人民都在把你观看。"拥有国家大权的人，不可以不谨慎，如果偏离正道，就将被天下人民诛戮。《诗经·大雅·文王》篇说："殷商没失民心的时候，是符合天道的。应该借鉴殷商的兴亡，获得天命实在不易。"说的是得民心就能够治理好国家，失民心就会使国家覆亡。

【原文】

是故君子先慎乎德。有德此有人，有人此有土，有土此有财，有财此有用。德者本也，财者末也。外本内末，争民施夺。是故财聚则民散，财散则民聚。是故言悖而出者亦悖而入，货悖而入者亦悖而出。《康诰》曰："惟命不于常。"道善则得之，不善则失之矣。《楚书》曰："楚国无以为宝，惟善以为宝。"舅犯曰："亡人无以为宝，仁亲以为宝。"

【译文】

所以道德君子首先要修德。有了道德才会有人民，有了人民才会有土地，有了土地才会有财富，有了财富才会有用度。道德是根本，财富是末节。假若轻根本而重末节，那么争利的人民就要横施掠夺之术了。所以，国君聚敛财富，就将迫使人民离散；国君散发财富，就将激励人民聚集。所以，话悖逆情理地说出，也就有悖逆情理的话来回报；财富悖逆情理地敛入，也就要悖逆情理地散出。《尚书·康诰》篇中说："唯有天命是不常留驻的。"说的是国政良善就能得到天命，国政不善就要失掉天命。《楚书》上记载楚大夫王孙围出使晋国，在宴会上回答晋国执政大臣赵简子时说："楚国没有物件可以当作宝贝，只把善人当作宝贝。"晋公子重耳流亡到秦国，秦穆公劝他兴兵回国夺取大位，重耳的舅父狐子犯教他回答说："流亡在外的人，没有什么物件可以当作宝贝的，只把对父亲的热爱当作宝贝。"

【原文】

《秦誓》曰："若有一个臣，断断兮，无他技；其心休休焉，其如有容焉。人之有技，若己有之；人之

彦圣，其心好之，不啻若自其口出，实能容之。以能保
我子孙黎民，尚亦有利哉！人之有技，媢嫉以恶之；人
之彦圣而违之，俾不通，实不能容。以不能保我子孙黎
民，亦曰殆哉！"唯仁人放流之，迸诸四夷，不与同中
国。此谓惟仁人为能爱人，能恶人。见贤而不能举，举
而不能先，命也。见不善而不能退，退而不能远，过
也。好人之所恶，恶人之所好，是谓拂人之性，灾必逮
夫身。是故君子有大道，必忠信以得之，骄泰以失之。

【译文】

《尚书·秦誓》中说："假如有一个臣子，老老实
实而没有其他技能，他的心胸宽广，大有容人之量。别
人有技能，就好像他自己有技能一样；别人贤良明智，
他由衷地喜爱人家，不仅仅像他口中说出的那样，他确
实能够容人。任用他能保护我的子孙和黎民，也还是有
利的呀！假如别人有技能，他就心生妒忌，厌恶人家；
别人贤良明智，他就压制阻挠，使人家的功绩不能通达
于君上，他确实是不能容人。任用他就不能保护我的子
孙和黎民，也可说是危险哩！"只有仁德的国君才会把
这种人流放，驱逐到四方蛮夷之地，不与他们同住在中
原。这就叫作只有仁德的国君才真正能够爱护好人，憎

恨坏人。发现了贤人而不能举荐，或者举荐了而不能提前任用，这就是怠慢了；发现了不善的人而不能黜退，或者黜退了而不能把他驱逐到远方，这就是过错了。作为国君竟喜爱人们所憎恶的，憎恶人们所喜爱的，这就叫作违背人的本性，灾祸必将降临到他的身上。君子当政临国自有正道，必然是：忠信诚实就能得到它，骄恣放肆就要失掉它。

【原文】

生财有大道：生之者众，食之者寡，为之者疾，用之者舒，则财恒足矣。仁者以财发身，不仁者以身发财。未有上好仁，而下不好义者也；未有好义其事不终者也；未有府库财非其财者也。孟献子曰："畜马乘，不察于鸡豚，伐冰之家，不畜牛羊，百乘之家，不畜聚敛之臣，与其有聚敛之臣，宁有盗臣。"此谓国不以利为利，以义为利也。长国家而务财用者，必自小人矣。彼为善之，小人之使为国家，灾害并至，虽有善者，亦无如之何矣。此谓国不以利为利，以义为利也。

【译文】

生产财富有重大原则：生产财物的人多，消费财物的人少，创造财物的人生产迅速，使用财物的人消费舒缓，那么国家的财物自然就能保持充足了。仁德的人利用财富来发扬自身的理想，不仁的人却滥用自身的条件去拼命地发财。没有上面的君长爱好仁德而下面的臣民不爱好道义的，没有臣民爱好道义而国事半途而废的，也没有臣民爱好道义而府库的财货竟不属于国家所有的。鲁国大夫孟献子说："具备马匹车辆的士大夫之家，就不该去计较喂鸡喂猪的小利；有资格伐冰备用的大夫之家，就不该饲养牛羊去牟利；拥有百辆兵车的有领地的卿大夫之家，就不该养活那聚敛民财的家臣。与其有这种聚敛民财的家臣，还不如有偷盗自家财物的小臣。"这就是说，国君治理国家不能以私利为利益，而应该以道义为利益。统管国家而致力于聚敛财富的国君，必定是来自小人的怂恿，而那国君认为他的主意好，使小人来治理国家，那么天灾人祸就会一起到来。到那时，即使有贤能的人接管，也无可奈何了。这就是说，治理国家不能以私利为利益，而应该以道义为利益。